THE BUFFALO CENTURY

The Buffalo Century is a keen exploration of satire and its role in society and politics. Written in praise of a buffalo, Vāñcheśvara Dīkṣita's *Mahiṣaśatakam* is timeless in its treatment of power, and its subversion. In resurrecting eighteenth-century Tanjore for the modern reader, Kesavan Veluthat lifts the poem beyond its immediate literary context and situates it in a contemporary global political setting.

Presenting a modern English translation along with the Sanskrit text, this work provides a fare that is as rich in double entendre as it is in its onomatopoeic metaphors. A literary triumph and the voice of an age, this book will be a key text for students and scholars of history, political science, sociology, literature, especially Sanskrit and comparative, and cultural studies.

Kesavan Veluthat is Director of the Institute for the Study of the Heritage of Coastal Kerala. He was educated in Calicut and New Delhi. He taught history in different Indian universities including Calicut, Mangalore and Delhi, and he has been a visiting professor in many Indian and foreign universities. His publications include *Brahman Settlements in Kerala*, *The Political Structure of Early Medieval South India*, *The Early Medieval in South India* and *Notes of Dissent: Essays on Indian History*.

THE BUFFALO CENTURY

Vāñcheśvara Dīkṣita's *Mahiṣaśatakam*
A Political Satire for All Centuries

Critically Edited, Translated into English and Introduced by Kesavan Veluthat

with the Sanskrit Commentary Śleṣārthacandrikā *by the Poet's Great-Grandson, Vāñcheśvara Yajvan*

Routledge
Taylor & Francis Group
LONDON AND NEW YORK

First published 2020
by Routledge
2 Park Square, Milton Park, Abingdon, Oxon OX14 4RN

and by Routledge
52 Vanderbilt Avenue, New York, NY 10017

Routledge is an imprint of the Taylor & Francis Group, an informa business

British Library Cataloguing-in-Publication Data
A catalogue record for this book is available from the British Library

Library of Congress Cataloging-in-Publication Data
A catalog record for this book has been requested

ISBN: 978-0-367-35585-2 (hbk)
ISBN: 978-0-367-37524-9 (pbk)
ISBN: 978-0-429-35481-6 (ebk)

Typeset in Times New Roman
by Apex CoVantage, LLC

For the memory of
P.V. Raghava Variyar
and
C.P. Raghava Pothuval
Gurubhyāṃ namaḥ

CONTENTS

Preface *ix*

Introduction: laughter in the time of misery 1

Mahiṣaśatakam: text and translation 18

Appendix 1 *67*
Appendix 2 Śleṣārthacandrikā, a commentary *71*
Index to verses *123*
Index *126*

PREFACE

This volume presents a critical edition of the text, and an English translation, of a great Sanskrit poem, the *Mahiṣaśatakam*, "A Hundred Verses in Praise of a Buffalo." Its greatness as poetry is simply remarkable. Students of literature should not miss it. Pregnant with multiple layers of meaning and rich in figures of speech (which are described in Sanskrit as *śabda*- and *artha-alaṅkāra*s, i.e., embellishments of sound and meaning), the poem goes beyond these: the poet's proficiency in different branches of knowledge is amazing. It ranges, sweepingly and breathtakingly, from *dharmaśāstra*s, *arthaśāstra*, *kāmasūtra*, etc. through grammar, prosody, poetics, rhetoric, etc. to *purāṇa*s, *itihāsa*s and the like. Add to its beautiful diction and refined sense of humour, and you have all the ingredients for a fine piece of literary work that will be enjoyed by readers of different tastes and equipment.

With all this, I should like to look at the *Mahiṣaśatakam* as the product of intense political activity, not just as an idle literary endeavour that shows off the author's poetic abilities and proficiency in various fields of knowledge. It is social-cultural-political criticism of the sharpest variety. Although Sanskrit has a rich tradition of political criticism dating from very early times, such sharpness as we have here is rare. The poet uses his eloquence – *vāgvaibhava* in his own words – to come down heavily on the king and the bureaucracy, as well as the nobility and society as a whole. What a way to make a political intervention! The problems raised here – corrupt bureaucracy, decadent society, declining educational values, debauchery in the government, nepotism – are more rampant today than perhaps in the period of the poem's composition. Therefore, not only what the poet has written but also the attempt to make it available to modern readers is a serious political activity; this is not merely a scholarly exercise. In fact, one can ask whether any intellectual activity is politically neutral.

It was almost by an accident that I stumbled upon *Mahiṣaśatakam*. Professor Pierre-Sylvain Filliozat told me about it when I had occasion to spend a couple of months in the *Maison des Sciences des l'Hommes* in Paris in the spring of 2002.

He was readying it for publication with a French translation, and he was kind enough to give me a soft copy of the text – a generosity that is unusual in the cut-throat world of academic competition. I am extremely grateful to him not only for drawing my attention to this great work but also for the many delightful hours and e-mail messages discussing it. His edition of the work, which I have depended on, is impeccable.[1] I have used Filliozat's Introduction to the French edition in a big way, although I respectfully disagree with him on certain points of opinion and interpretation. In addition, he seems to have missed the Calcutta and the Hospet editions mentioned below. The oldest version in print is contained in a work edited by Pandit Jibananda Vidyasagara.[2] There are two other editions, which more or less agree with one another.[3] There are a few other editions as well.[4] I have earlier edited and published it in both Malayalam and English.[5]

Professor Y. Subbarayalu procured for me a copy of an edition with a Sanskrit commentary titled *Śleṣārthacandrikā* by the poet's great-grandson for me from the Saraswathi Mahal Library, Thanjavur. But for the 'moonlight' provided by this commentary, I would have been groping blindly in the paronomasia-ridden byways of the poem. I was able to acquire a few other editions later and compare them with the 'master copy' – that is, the one used by the commentator, the poet's own great-grandson. The widest variation is found in the edition brought out by Jibananda Vidyasagara that was published in 1874, which also happens to be the first printed version.

1 See *Mahiṣaśatakam: Vāñcheśvarakavipraṇītam, La Centurie de buffle* de Kuṭṭikavi, edition et traduction par Pierre-Sylvain Filliozat, *Bulletin d'Études Indiennes*, No 21.2, 2003, Association Française pour les Études Indiennes, Paris (hereafter *MŚ*).

2 Jibananda Vidyasagara, *Śatakāvaliḥ*, Calcutta, Satya Press, 1874 (hereafter जी.). Shabbily printed, this abounds in printing mistakes, shuffles the order of verses, omits a few verses and contains verses not known in other versions.

3 *Mahiṣaśatakam* by Kuṭṭikavi, a resident of Śahajimahārājapura or Tiruviśanallūr in the district of Tanjore, with a commentary entitled "*Śleṣārthacandrikā* of Vāñcheśvara" and edited by Rāmakṛṣṇamācārya of Vaṅgipuram with the assistance of Mahāliṅgaśāstrin of Śahajimahārājapura (Raṅgācārya of Vaṅgipuram at Sarasvatīnilaya Press, 1875 samvat [1932 AD]). Script: Telugu (hereafter ते.); and *Mahisha Śatakam of Sri Vanchesvarakavi, with the commentary "Slesharthachandrika" of his great-grandson Sri Vanchesvara Yajva,* with Sanskrit *Prastāvanā* by K.S. Venkatarama Sastri and an English introduction by R. Krishnaswami Iyer and edited by Gurubhaktaśikhāmaṇi et al. (Srirangam, 1946). Script: Nāgarī (hereafter ना.).

4 *Mahishasatakam of Sri Vanchesvarakavi with the Commentary Sleshartha candrika of his Great-grandson Sri Vanchesvara Yajvan,* edited by Pandita-Vadhula Ramachandra Sarma (Hospet, Hampi: The Vidyaranya-Vidyapitham Trust, n.d.). This edition has a useful introduction that provides details about the commentator. There is no variation which this text shows from the version that the commentator has accepted. I had occasion to come across yet another edition after I completed work on this edition: Pullela Ramchandra, *Śrīvancheśvarakavipraṇītam Mahiṣa Śatakam,* Saṃskṛta Pariṣat (Hyderabad: Osmania University, 1985). There is another recent edition with Hindi and English translations that I had been able to consult: Radha Vallabh Tripathi, *Mahiṣaśatakam-Vāñchānāthakṛtam, Hindyānglabhāṣābhūmikā-sahitaṃ* (Delhi: New Bharatiya Book Corporation, 2010).

5 *Mahiṣaśatakam*, edited with an introduction and translation into Malayalam by Kesavan Veluthat, Kerala Council for Historical Research (Thiruvananthapuram, 2011) and *Śrī Vāñcheśvara Dīkṣita's Mahiṣaśatakam, with the Commentary Śleṣārthacandrikā by Vāñcheśvara Yajvan, the Poet's Great-grandson*, edited, translated into English and introduced by Kesavan Veluthat (Kottayam: Mahatma Gandhi University, 2011).

Professor Filliozat's scholarly Introduction and his French translation have been of immense help to me. I thank him most sincerely for all this and much more. I had occasion to discuss this poem with many other scholars. Although I have used the Sanskrit commentary of the poet's great-grandson heavily for this translation, I have differed from it here and there. In such cases, I have provided an alternative reading as well as my justification to deviate from the learned commentary.

In this edition, I provide the text of the original poem in *Nāgarī* script; variations in the different versions are indicated in the footnotes. Following the *Nāgarī* text is its transliteration, in Roman script with diacritical marks. This is intended for readers who are not quite at home with *Nāgarī*. Then I give my own English translation in prose. I have tried to be as faithful to the original as it is possible for a translator. As the poem is supremely characterized by *śleṣa* (paronomasia), I took into account the primary register of the buffalo in this translation. Puns are language-specific and as such do not lend themselves to translation. When necessary, I provided explanatory notes. In a few cases, I have given an alternative translation of the secondary register.

In Appendix 1, I provide a few verses which are found only in one version, with my English translation of these. There were no compelling reasons for me to integrate these into the main body of the text, as these were just repetitions of the ideas contained in the verses in the 'original.'

Appendix 2 is a detailed and scholarly commentary by Vāñcheśvara Yajvan, the great-grandson of the poet. Its text in the Sanskrit language as well as the *Nāgarī* script is provided, but no translation – the audience it addresses would not need an English translation. I recommend that keen students of the Sanskrit language and its literary practices study this commentary. It provides the authority on the meanings in the two registers, as well as many other extremely useful details which I have not provided in my translation of *Mahiṣaśatakam*. I have indicated the authority I have followed in translating the verses in Appendix 1 as the commentator has not glossed on them.

I have published two earlier translations of this book – one in Malayalam and another in English – but they do not contain all the details present in the present version. I thank the Kerala Council for Historical Research, Thiruvananthapuram, and Mahatma Gandhi University, Kottayam, respectively, for their kindness in publishing those earlier translations. I am grateful to a number of scholars with whom I had the privilege of discussing this project. Pierre-Sylvain Filliozat and Y. Subbarayalu are the first to be thanked – but for their help, this edition would not have been. There are others, of whose generosity I must make a special mention. They include the late Basudev Chatterji, B. Surendra Rao, Chathanath Achuthan Unni, N.M. Narayanan, David Shulman and Shonaleeka Kaul who read various drafts of my translation and made valuable suggestions. Achuthan Unni corrected me with utmost care, saving me from many pitfalls. Shulman's intervention also helped me improve some of my crude, if not entirely incorrect, translations. Manu Devadevan has, as always, helped me in many ways. Jyotirmaya Sharma showed a keen interest in this book and asked me to prepare this new version – nay, to do it all over again – and I thank him for this and more. I hasten to add that the shortcomings in this translation are in spite of all these brilliant minds. I am grateful to team Routledge for the speedy and elegant production of this book.

I remember two great scholars on this occasion: P.V. Raghava Variyar taught me Sanskrit during my childhood (when I was too young to understand anything of what he was teaching). C.P. Raghava Pothuval did not teach me formally but gave me the courage to read a book in Sanskrit all by myself. I dedicate this book to their memory as a belated *gurudakṣiṇā*.[6]

Kesavan Veluthat Kodungallur,
March 9, 2019

6 A gift or offering to one's teacher.

INTRODUCTION

Laughter in the time of misery

When the great lord passes, the wise peasant bows deeply and silently farts.[1]

How do intellectuals react to social and political conditions, especially in times of misery? How do they respond when their misery is compounded by multiple factors, such as inept rulers and worse bureaucracy? Obviously, there can be no single answer to this question. One possible response is to laugh at the whole thing – laugh so loud that those who are responsible for the misery start squirming in their chairs. In other words, satire is a very powerful means to expose injustice, if not to fight it. Donald R. Davis, Jr., points out that satire represents one group's attempt to ridicule and shame another group into changing its immoral, unjust, or hypocritical behaviour. In this view, satire includes reformist agitation expressed in vitriolic, and often lewd, writings or events.[2] The Sanskrit *kāvya* presented in this book is an example of how satire can be used to articulate political criticism of the harshest variety. It is curious that earlier scholars who edited and studied this *kāvya* took it only as an example of great poetry that demonstrated a masterly use of *śleṣa*-paronomasia among other literary techniques.[3] I want to show that what we have in this Sanskrit text is a merciless sociopolitical critique.

1 Ethiopian proverb, quoted by James C. Scott, *Domination and the Arts of Resistance: Hidden Transcripts*, New Haven and London: Yale University Press, 1990, p. v.

2 Donald R. Davis, Jr., "Satire as Apology: The *Puruṣārtthakkūttŭ* of Kerala," in Kesavan Veluthat and Donald R. Davis, ed., *Irreverent History: Essays for M.G.S. Narayanan*, Delhi: Primus Books, 2014, p. 93. After characterizing satire as an attempt to change unjust behavior, Davis goes on to say that this does not really work. For him, satire is ultimately apologetic in nature. I find it difficult to follow him entirely in this matter.

3 For references to earlier editions, see Preface.

It is often held that India had no tradition of political criticism in which a king and his actions would be taken to task. Indian tradition, it was thought, consisted of innumerable panegyrics starting from hero-lauds such as the *gāthā-nārāśaṃsi*s in Vedic literature and the *araśar-vāḻttŭ*s of early Tamil songs, developing through the *praśasti*s and *meykkīrtti*s in the early medieval period. It was believed that this indicated an absence of any critical checks on the monarchy. That, among other things, is maintained to have allowed kings to exercise unbridled power. In addition, the supposed absence of any hereditary nobility was also thought to have made it impossible to put any restraint on despotic rulers. What western political thinkers saw in pre-modern India was a polity that had been conditioned by the economic and social formations peculiar to the land, and they called it Oriental Despotism. In this kind of a political atmosphere, the despot was considered to be infallible, and criticism of any kind was impossible. It was as if members of the Indian upper class were emasculated and passive, unable to so much as open their mouths against the atrocities of the king and his hangers-on.

Although such an argument was convenient for the British colonial masters, it does not quite fit the evidence as shown in the following examples. The *narma-saciva*s (court jesters) discussed in the *Dharmśāstra*s, the *vidūṣaka*s ("clowns") in Sanskrit plays and so on have very effectively offered sociopolitical critiques. Disguised criticisms of the *anyāpadeśa* ("allegory") type and even more explicit critiques appear in Sanskrit and other Indian languages. Kṣemendra (the ninth century poet from Kashmir known for his works such as "Dalliance with Deceptions", "The Courtesan's Keeper", "The Garland of Mirth", etc.) and Nīlakaṇṭha Dīkṣita (the seventeenth century poet who wrote "the Mockery of the Kali Age" and "A Hundred Allegorical Verses") are names that come to mind readily. The people of Kerala have not forgotten how the *Cākyār*s almost terrorized rulers in their *kūttŭ* performances. Mir Muhammad Ja'far, nicknamed Zatalli ("one who talks nonsense"), who lived in the latter half of the seventeenth century, composed a highly satirical poem, *Kulliyat-i-Ja'far Zatalli* or *Zatal-nama,* in *Rekhta*, a mixture of early Urdu and Indo-Persian. The following lines display Ja'far's anger and dissatisfaction with the times. He connects the larger picture to everyday lives of normal people and shows how the oppressive state impacted them:[4]

> Honesty and loyalty have vanished, these times are strange
> People are scared of the oppressor, these times are strange
> There is no friendship between friends
> Nor loyalty among brothers
> All love is lost
> These times are strange
> Soldiers don't get their due

4 "DELHI - Conversation about the controversial Mughal poet Jafar Zatalli," *Delhi.Bombay.Goa* (June 18,2013),http://delhibombaygoa.blogspot.in/2013/06/delhi-conversation-about-controversial.html, accessed on May 20, 2018.

And restlessly they run
To moneylenders to feed themselves
These times are strange.

Referring to the royal mistresses in Emperor Farrukh Siyar's court, Ja'far remarked that although they had been compared to the moon, they looked more like the buttocks of a buffalo.[5] Predictably, he was put to death under the orders of the emperor.

Produced by a junior contemporary of Ja'far, *Mahiṣaśatakam*, a hundred verses in praise of a buffalo, has to be seen as another example of such political criticism. (However, it is unlikely that our poet knew Ja'far.) The author of this work, Vāñcheśvara Dīkṣita *alias* Kuṭṭikavi, lived in Thanjavur in the eighteenth century. The poet's namesake and great-grandson, who has produced an excellent commentary on the poem, explains the circumstances leading to the composition of this work:[6]

> The banks of Kāveri shine with a large number of scholars. There are great temples of Śiva and Viṣṇu. The matchless city of Tañjāvūr is situated there, the capital from where famous kings of the Bhosale line ruled. Vāñcheśvara, of Kannada extraction, born into the line of their ministers and a noble intellectual who had seen the other side of Vedas and Vedāṅgas, would lead the rulers along the path of justice from time to time. Once the boyish king, gathering wicked friends around him, went wayward and refused to listen to good counsel. In order to bring the king back from [wicked] company and lead him along the right path, he composed [verses] in praise of a buffalo and cleansed the king's intellect of blemishes.

However, this does not agree in all its details with what the poet himself has to say in the text. He says that he retired to his village with these thoughts (v. 3):

> Lords, such as Nānāji (the king), Prabhucandrabhānu (his minister), Śahaji (the king), Ānandarāya (his minister) and so on, who were scholars in their own right and verily life-giving elixir to scholars who depended on them, are all gone. Those of the present are so many vulgar urchins who look upon knowledge as but poison. What to do? O Mother Agriculture, I take refuge in you, the Protector of the World.

Vāñcheśvara Dīkṣita promptly settled into farming, with a buffalo to draw the plough. Recognizing that "one who protects a person is his lord" (v. 9), he composed a hundred verses in praise of his new lord, the buffalo. The poet makes it

5 Omair Ahmad, "Insulting Traditions," *OPEN* (December 21, 2012), http://www.openthemagazine.com/article/art-culture/insulting-traditions, accessed on May 20, 2018.
6 Prologue to the Commentary by Vāñcheśvara Yajvan, vv. 2–7 (my translation).

clear at the very outset that it is not for the merit of the object, a lowly animal, that he takes up the project of composing a hundred verses in its praise; it is to censure those agents of the state who are intent on harassing him and to punish them with the "rod of speech" (v. 10). What follows is merciless rebuke of the king and his officers, couched in the language of satire. It is not exactly a story of reforming the king with a song, as it were, as the commentator would have us believe. The fact that two verses praising the king, totally at variance with the tone and tenor of the body of the poem, had to be interpolated at the end of the poem[7] shows how dangerously the poet must have lived after composing it. Perhaps he preferred the fate of a Galileo to that of a Bruno!

A brief digression on the historical background of the poet and the poem is in order here, to place the work in perspective so that its importance as scathing political criticism can be appreciated. Thanjavur, formerly the capital of the Co<u>l</u>a Empire, was a major cultural centre of South India. The Hoysaḷas controlled the area for a while after the decline of the Co<u>l</u>as, before it came under the control of Vijayanagara. Like other parts of the Vijayanagara Empire, Thanjavur was ruled by lords known as *nāyaka*s. These *nāyaka*s became independent rulers when the empire declined in the seventeenth century. Thus Thanjavur, like other 'nayakadoms' such as Madurai or Bidnur or Gingee, became an independent kingdom. Although the financial resources and political power of the *nāyakas* of Thanjavur could not compare with what the Co<u>l</u>as had commanded, they tried to continue the cultural activities that had been inaugurated by the Co<u>l</u>a dynasty. In fact, one historian refers to "a renaissance in the arts and letters in the Tanjore country in the seventeenth and the earlier decades of the eighteenth centuries."[8]

The ancestors of our poet – Hoysaḷa Karnataka Brāhmaṇas, originally from Karnataka – were great scholars and advisors to the *nāyaka*s of Thanjavur. The commentator of *Mahiṣaśatakam* describes his great-grandfather, our poet, as *Kannaṭijātīya*, "of Kannada extraction." This family seems to have been closely related to the Śaṅkarācāryas of Śṛṅgeri. The *maṭha* ("monastery") of Śṛṅgeri had very close relations with the Vijayanagara Empire, at least in the early years of the empire. Govinda Dīkṣita, a great scholar from this family, was a good friend of Cevvappa Nāyaka, an associate of Emperor Acyuta Rāya of Vijayanagara. When Cevvappa Nāyaka married the sister-in-law of Acyuta Rāya, he received the *nāyakattanam* ("nāyakadom") of Thanjavur region as dowry. Cevvappa Nāyaka moved to Thanjavur and Govinda Dīkṣita accompanied him.

There is some information available regarding the scholarly activities of Govinda Dīkṣita and other members of his lineage in Thanjavur.[9] For example, the following works are attributed to Govinda Dīkṣita: *Harivaṃśāsāracaritamahākāvya,* which summarizes the *Mahābhārata*; a commentary on the *Sundarakāṇḍā* of

7 See vv. 101, 102 and discussion later in this Introduction.
8 K.R. Subrahmanyan, *The Maratha Rajas of Tanjore*, Madras: published by the author, 1928, Preface.
9 The following details about the family are from *MŚ*, Introduction, pp. 3–5.

Rāmāyaṇa; Saṅgītasudhānidhi, a treatise on music; and *Ṣaḍdarśana,* a treatise on *mīmāṃsā*. It is said that he introduced the music of Vijayanagara to the court of Thanjavur. Because this music came from Karnataka, it eventually came to be known as "Carnatic music" throughout the country. In Thanjavur, Govinda Dīkṣita was responsible for organizing a grand debate on the *advaita* of Śaṅkara, the *dvaita* of Madhva and the *viśiṣṭādvaita* of Rāmānuja, with the redoubtable Appayya Dīkṣita, Vijayīndra Tīrtha and Tātācārya representing these schools respectively.

Yajña Nārāyaṇa Dīkṣita and Veṅkaṭa Makhin, both sons of Govinda Dīkṣita, were renowned for their scholarship and poetic talents. Yajña Nārāyaṇa Dīkṣita was the poet laureate of the *nāyaka*s of Thanjavur. He composed a *mahākāvya* (*Raghunāthabhūpavijaya*) and a play (*Raghunāthavilāsa*), both dedicated to his patron, Raghunātha Nāyaka of Thanjavur. In another work (*Alaṅkāraratnākara*), he explains all major figures of speech in Sanskrit and gives examples of each by means of verses in praise of his patron. A few verses about Yajña Nārāyaṇa Dīkṣita, composed by the celebrated Nārāyaṇa Bhaṭṭa of Melputtūr from Kerala, have come to light.[10] In fact, Nārāyaṇa Bhaṭṭa was all praise for scholars from the Coḻa country. Veṅkaṭeśvara Dīkṣita (also known as Veṅkaṭa Makhin), the younger brother of Yajña Nārāyaṇa Dīkṣita, was a great scholar and musicologist who was responsible for standardizing the Carnatic *rāga*s in his work, the *Caturdaṇḍi Prakāśikā*, which is regarded as a landmark in the annals of Carnatic music. He was courtier in the courts of Raghunātha Nāyaka and his successor, Vīrarāghava Nāyaka, the last of the Thanjavur *nāyaka*s.

A dynastic change overtook Thanjavur in the last quarter of the seventeenth century. Ekoji (also known as Venkaji or Vyamkoji), half-brother to the Maratha Chatrapati, Śivaji, captured Thanjavur from the *nāyaka*s and established the Bhosale dynasty. Ekoji abdicated the throne in favour of Śahaji. Veṅkaṭa Makhin seems to have joined the Maratha court following the change of dynasty. The

10 These verses are part of a letter enclosing the *Apāṇinīyaprāmāṇyasādhanaṃ* which Melputtūr Narayana Bhatta wrote to two great scholars from the Coḻa country, Somadeva Dīkṣita and Yajñanārāyaṇa Dīkṣita. The lines referring to Yajñanārāyaṇa Dīkṣita are as follows:

> *yuṣmadvaiduṣyadhūtaṃ khalu kaṭakabhuvi trāyate bhogirājaṃ*
> *vāṇīveṇīvidhūtāmapi surasaritaṃ kaṅkaṭīko jaṭāyām |*
> *ityevaṃ yajñanārāyaṇavibudhamahādīkṣitāḥ śatruvarga-*
> *trāṇāddevasya tasyāpyapaharata dhiyā sādhu sarvajñagarvaṃ ||*
> *yuṣmādeva kṣitīśo vipulanayavidhistiṣṭhate rājyadṛṣṭau*
> *tiṣṭhadhve yūyameva prathitabudhajane sandihāne samete |*
> *yuṣmabhyaṃ tiṣṭhate kastridaśagurusamāno'pi yuṣmādṛganyaḥ*
> *prajñālūn yajñanārāyaṇavibudhamahādīkṣitān vīkṣate kaḥ ||*
> *asvasthāḥ keraḷīyāssvayamatimṛdavastatra cāhaṃ viśeṣāt-*
> *sārve dūrapracāre khalu śithiladhiyaḥ kiṃ punardeśabhede |*
> *evam bhāve'pi daivāt kuhacana samaye kalyatā kalyate cet*
> *prajñābdhīn yajñanārāyaṇavibudhamahādīkṣitānīkṣitāhe ||*

The letter was published by Paṇḍitar E.V. Raman Namboodiri in *Mathrubhumi Weekly* on February 5, 1939 and is reproduced by Vaṭakkumkūr Rājarājavarma Rājā in his monumental *Keraḷīya Samskṛta Sāhitya Caritraṃ*, revised second edition, Kaladi, 1997, vol. III, p. 27.

Bhosales were not far behind the *nāyaka*s in the patronage of art and culture, including Sanskrit scholarship, at least in the early part of their reign. Śahaji, who ruled till 1710, was a scholar in his own right. He endowed an *agrahāra* called Śaharājendrapura in Tiruviśanallūr (near Kumbhakonam). Govinda Dīkṣita's successors seem to have received land there. The commentator has composed a beautiful quartrain about this *agrahāra*:

śrīśaharājendrapure
śrīśaharājendraviṣṭapaiḥ sadṛśe |
kṛtavāso vimalamatiḥ
sāmbapadadvandvabhaktiviratas̒ca ||

("[I], of clean intellect and a devotee at Śiva's feet, reside in Śrīśaharājendrapura, comparable to the worlds of Śrīśa (Viṣṇu), Hara (Śiva), Aja (Brahmā) and Indra.")

Our poet, Vāñcheśvara Dīkṣita, had exhibited his intelligence and poetic abilities even as a young boy. It is said that he accompanied the king, Śahaji, to the Mīnākṣi temple in Madurai, where the king composed the following verse *ex tempore* on the goddess:

puri madhuraṃ giri madhuraṃ
garimadhurandharanitambabhārāḍhyaṃ |
sthūlakucaṃ nīlakacaṃ
bālakalācandrāṅkitaṃ tejaḥ ||

When the king paused, young Vāñcheśvara mused:

hṛdi tarasā viditarasā
taditarasāhityavāṅna me lagati |
kaviloke na viloke
bhuvi lokeśasya śāhajerupamā ||

Amazed and pleased, the king conferred the affectionate title of *Kuṭṭikavi* on the poet, meaning "Boy Poet."[11] Vāñcheśvara Dīkṣita also earned the title of *Śleṣasārvabhauma* ("Emperor of Double Entendre") for his imperial command over paronomasia. In addition to *Mahiṣaśatakam*, he is said to have composed a couple of other *śataka*s ("Hundred Verses") such as *Dhāṭiśataka* and *Āśīrvādaśataka*, which I have not seen. Like his predecessors, he too showed unswerving loyalty to royalty – in his case to Śahaji, who showed great respect for him in return.

However, things changed over time. Śahaji was succeeded by Śarabhoji, then Tukkoji. Both were weak rulers. Although they did patronize literature and music to some extent, conditions under their rule were not very rosy. Tukkoji had five

11 These details are taken from *MŚ*, Introduction, pp. 9–11.

sons, two born outside marriage. Pratāpasiṃha, born to him of a concubine called Annapūrṇā, captured power after deposing Sayyaji or Sahuji, a pretender. This palace revolution was rather violent and somewhat expensive.[12] The first to succeed Tukkoji, by December 1735, was Vyamkoji (or Ekoji), known by his more popular name of Baba Sahib. He was besieged by the army of Chanda Sahib and Safdar 'Ali Khan. He is reported to have bought off his attackers with a payment of 75 lakhs of rupees. On his death, probably in early 1737, Sujana Bai (one of his many wives), ruled briefly as regent. A pretender, a certain Sahuji or Sayyaji called Kāṭṭu Rājā ("Forest-King"), who claimed to be a son of Śarabhoji, managed to expel Pratāpasiṃha's brother, Siddhoji, from Thanjavur, probably in 1738. Sahuji's rule did not last long. He was deposed by the intervention of the agents of the Arcot Nawab Dost 'Ali Khan, who restored Tukkoji's third son, Pratāpasiṃha, on the throne in 1739.

"These rather convoluted disputes," says Sanjay Subrahmanyam, "led in fact to three major shifts in the context within which Thanjavur politics were played out."[13] First, they brought in the Nawabs of Arcot as arbiters.[14] Second, they brought about an intervention from the main body of the Deccan-based Marathas in the politics of the region. This complicated the Maratha-Tiruchirappalli-Pondicherry relationship in a big way and had implications for the life of ordinary people. Thanjavur's relationship with Maratha states of Deccan, namely Satara and Pune, was not the same any more. It was essential for all these parties to have a pliable ruler at Thanjavur to help further their plans; Sahuji's invitation furnished them with the perfect pretext. Third, the French and British managed to gain considerable leverage in the region as a result of these disputes. For a sum of 50,000 pagodas, the French gained the coastal territory of Karaikal, which comprised ten villages and 12,000 inhabitants. Later, in June 1749, the English gained a foothold at Devikottai.

It is in this context that we read the following from the report of Benjamin Torin, the British Resident in Thanjavur. Assisted by Charles Harris, George Stratton and W.R. Irwin, Torin produced the so-called Tanjour Report in late January 1799.[15]

> We therefore conclude that the present tenure of the Inhabitants has subsisted, ever since the revolution which placed Pretaub Sing on the musnud, and we may add for 5 years before, on a system of collusion and extortion, as bribery and force were found successively to prevail, we are strengthened in the opinion as we proceed in our enquiries, from Pretaub Sing having

12 I owe these details to Sanjay Subrahmanyam, "The Politics of Fiscal Decline: A Reconsideration of Maratha Thanjavur, 1676–1799,"*Indian Economic and Social History Review* 32, 2, 1995, pp. 177–217. I thank Subrahmanyam for drawing my attention to them.

13 *Ibid.*, p. 189.

14 Verse 89 in the *Mahiṣaśatakam*, sees the attributes of a Muslim chief called Chanda Khan in the buffalo, with statements that are not exactly complimentary. This may refer to the Nawab of Arcot, whose presence in Thanjavur was resented to.

15 Quoted in Sanjay Subrahmanyan, *Op. Cit.*, p. 190.

> departed from the custom of His Predecessors in the Personal Government of the country. . . . A minister appointed under such terms was likely to govern with less attention to the internal vicissitudes of the Kingdom, than to the private interests of his friends.

The Commissioners were not alone in their negative view of Pratāpasiṃha and his government. One anonymous writer painted this somewhat dark portrait:[16]

> After several assassinations, one Pertaub Sing, a bastard, of the family of the usurper Eckogee, took possession of Tanjore in the years 1741. This perfidious tyrant, being execrated by the public, Ali Doost Chan, Nabob of Arcot, imprisoned him, upon an allowance of half a crown a day, to the great joy of the people of Tanjore. Pertaub Sing, however, upon the death of Ali Doost, in the year 1744 [*sic*], obtained the Zemindary, upon engaging to pay annually fifty lacks of rupees, or six hundred and twenty five thousand pounds sterling.

There was considerable stress on the finances of Pratāpasiṃha on account of many factors, as he himself stated. He wrote to Governor Thomas Saunders in Fort St. George, Madras in 1754:[17]

> My whole Estate is the country which has been twice plundered, there is not much Product to be got by it. I must collect some things from the country to pay the army. The inhabitants of the said country are running away frequently which induc'd me to place strong guards in different Parts of the country, notwithstanding the Inhabitants are unwilling to continue in it because of the former Fear. Thus a great Affliction attends me. It is impossible to support the Army before I can get part of the product of the country.

There are subsequent references in the report of the anonymous writer referred to above to the "treacherous mind of Pertaub Sing," and an accusation that he was a disloyal "vassal" to his "feudal lord," the Nawab of Arcot, which are not exactly calculated to gain the reader's sympathy for Pratāpasiṃha. Nor are there any such intentions in the rather garbled description of him as "a tributary Zemindar or Renter," which recurs through the text, or the portrayal of his descent from a "plunderer" of a cruel and ferocious race.[18] Even allowing for the rather unkindly disposition of the author and the British officials, it will not be far off the mark to think that Pratāpasiṃha or the way in which he ruled the kingdom appealed to

16 Quoted in *Ibid.*, p. 192. Subrahmanyam says that this writer throws "historical veracity to the winds"(p. 191).

17 Quoted in *Ibid.*, p. 177.

18 Quoted in *Ibid.*, p. 192.

the people as less than marking happy times. The interest he showed in wine and women was notorious.[19]

It was not just the case of an undesirable and irresponsible ruler. There was considerable decline in agricultural production caused by various factors – but no tax relief was extended to the farmers. The bureaucracy, particularly in the revenue department, had grown both in number and inefficiency, which led to considerable corruption. Although it is not Subrahmanyam's purpose, the picture of the revenue system he presents is intimidating.[20] The kingdom of Thanjavur was divided into six *suba*s. Each *suba* was divided into *mahal*s. These were then subdivided into 'districts' (*vata*s or *maghanams*). These varied considerably in size and other aspects. The extent of taxable land per *maghanam* was measured in *veli*s. The farmer's share (*kudivaram*) was about 40 per cent. To this was added rent, land tax and customs, which account for between 5 and 10 per cent of the tax on rice.

In the early 1770s each of the *suba*s had a fairly elaborate administrative apparatus. Heading the *kachahri* or office and drawing the princely salary of 120 chakrams was a *kamavisdar* (or *amildar*), who was assisted by a *kar-obar* or *peshkar*. Each *suba* had a *hajib* or *vakil* who resided at the palace in Thanjavur to facilitate communications, as well as a number of Marathi scribes (*chitnavis*) and Tamil accountants (*kanakkapillai*s) and scribes (*rayasam*s). Among the other officials are *pallikkarar* ("appraisers of the crops"), *shroff*s and *harikara*s. In addition, the palace in Thanjavur had a staff of 14 that included a *madhyasthi*, a *pathakanavis*, a *hajib*, a *chitnavis* and a number of *harikara*s to act as a check on the functioning of the officers of each *suba*. The impatience that our poet shows towards the bureaucracy of the Thanjavur kingdom (vv. 14–21) makes perfect sense in this context. His tongue becomes most acerbic when speaking about the *subhedar* (sūbādār).

An undesirable ruler, "execrated by the public" and described variously as "a bastard," "this perfidious tyrant," "the wily Tanjorean," etc. by the British, and his equally undesirable administration were not the only woes that beset Thanjavur in the eighteenth century. A famine struck the area in 1730. The fertile valley of Kaveri witnessed abject poverty. Contemporary British documents testify to the export of a large number of slaves from Nagapattinam in this period. In addition, the British led a military expedition against Pratāpasiṃha. The rivalry between the English and the French, and the way in which the British threw in their lot in favour of the Nawab of Carnatic led to what are known as the Carnatic Wars, the details of which are too well known to bear one more repetition. These wars damaged the economy of the Kaveri Valley in many ways. The depredations

19 For some of these details, William Jackson, *Tyāgarāja: Life and Lyrics*, Delhi: Oxford University Press, 1991, 2002, pp. 76–91. Subrahmanyan, *op. cit.*, pp. 47–56, struggles to paint a generous portrait of this ruler, although he does not fail to see that Pratap Singh "increased the *kudivaram*" (p. 351). So also, C.K. Srinivasan (*Maratha Rule in the Carnatic*, Annamalainagar: Annamalai University, 1944, pp. 249–293) is equally full of praise for him. Srinivasan, however, gives detailed accounts of the wars he had fought, which were expensive in terms of both human and financial resources.

20 The following details are summarized from Subrahmanyam, *op. cit.*

of HyderAli – who destroyed the irrigation embankments and harassed people in numerous ways – laid waste the rich and fertile countryside. As life became unbearable, evils swallowed the land.

The miserable conditions in the region around Thanjavur are described vividly by Christian Frederic Schwartz, a German Pietist missionary who operated in Thanjavur in this period. He describes how looting, arson, rape and other atrocities of war made life nearly impossible. In addition, the Mysorean conqueror converted large numbers of local people to Islam and used them to swell the ranks of what have been called the "disciple regiments." This and the destruction of irrigation canals and embankments are pointed out as among the factors responsible for the terrible conditions. Sources are unanimous in their description of the evil effects of the *nawab*'s depredations. Schwartz wrote:[21]

> When it is considered that Hyder Ali has carried off so many thousands of people, and that many thousands have died of war, it is not at all surprising to find not only empty houses, but desolate villages – a mournful spectacle indeed. . . . We have suffered exceedingly in this fortress from hunger and misery. When passing through the streets early in the morning, the dead were lying in heaps . . . such distress I never before witnessed, and God grant I never may again.

Schwartz states that his congregation swelled, but does not hide the fact that it was more by people driven by hunger than by those convinced of the superiority of the Christian Gospel. He says that it was difficult to teach the natives even the rudiments of a foreign faith with their mental powers diminished by famine.

Contagious diseases added to the problems. Christian missionaries have described a terrible dysentery that visited the regions of Tranquebar. This and other forms of pestilence afflicted Tiruchirapalli, Thanjavur and the neighbouring regions in this period.[22] A bad ruler, misrule, excessive taxation, a corrupt bureaucracy given to excesses, war, diseases, British-French-Danish intrigues, the cruelties of the *nawab*, as well as persecution of Christians – it was when Thanjavur had been checkmated by all these forces that our poem, *Mahiṣaśatakam*, had its origin. The context in which the poet took to agriculture and tending a buffalo is important (v. 5):

> It is well-known that agriculture forestalls famine. And, Manu too permits agriculture and cattle-keeping for Brāhmaṇas in hard times. When, alas, kings are greedy and times are troubled by famine, let us take to agriculture for a living. What do we lose by it?

21 Quoted in Jackson, *op. cit.*, p. 87.

22 *Ibid.*, *passim.* Note that Vāñcheśvara Dīkṣita describes Śrīraṅga, literally "the theatre of prosperity," as *jvarasyālayaṃ*, the "abode of fever"(v. 8)!

The way in which the expression *durbhikṣa* ("famine," "distress") is repeated in the poem is significant. The poet says how scared he is of war – *bibhemy āhavāt* (v. 6). In an advice that he gives fellow scholars, he describes how fever and other diseases had affected the country of the Co̱ḻas (v. 8):

> Dear scholar, don't do anything reckless. Listen to me: I shall tell you what suits you best. My friend, don't leave Lord Buffalo, the true friend of men who grants wishes, and go to the town of Śrīraṅga ("the Theatre of Prosperity"), in reality the house of fever, where prosperity is distant, and what you have at hand is the sound of the bell round the neck of the buffalo whom the God of Death rides on.

This poem has to be taken as an example of how a concerned intellectual reacted to the terrible times in which he lived, as well as an example of serious political and social criticism articulated in the form of satire. Perhaps a comparison of our poet's situation with that of another intellectual of a high stature is in order. Tyāgarāja, the reputed saint-musician-composer, was living in the same area almost during the same period (1767–1847). When life became nearly impossible on account of war, famine, pestilence and poverty, Tyāgarāja understood this as the inevitable manifestation of the Kali Yuga, the darkest of ages. The only redemption that he saw was through the mercy of god. His songs are outpourings of the worries and pains of a concerned mind in times of distress. He sincerely believed that devotion – undiluted devotion – was the only panacea for the evils of his age. William Jackson has argued that it will not be possible to take up any one of his compositions and show that it can be read against the background of any particular event.[23] However, discerning readers can clearly recognize a reaction to the political and social decadence as well as economic misery of his times reverberating in Tyāgarāja's work. That was his way of protest and revolt, a way which the Bhakti saints had charted and used effectively in the past.[24] When Tyāgarāja was ordered to sing in the royal court, he politely refused, saying that his songs were reserved for the divine. He had the courage, perhaps a courage that devotion gave him. In articulating his disapproval of things around him, he cried out to god. In contrast, our poet, Vāñcheśvara Dīkṣita, chose to laugh – and laugh aloud, cruelly. The echo of his laughter reaches and shakes many quarters. An examination of its contents will show how it is a serious political and social critique that expresses protest against the establishment and the order of things. It is certainly much more than an exercise in fine poetry that plays the difficult game of double entendre or frivolous cynicism.

23 Jackson, *op. cit.*, pp. 90–93.

24 M.G.S. Narayanan and Kesavan Veluthat, "The Bhakti Movement in South India" (1978), reproduced in Kesavan Veluthat, *Notes of Dissent: Essays on Indian History*, Delhi: Primus Books, 2018, pp. 154–178.

The first part of the *Mahiṣaśatakam* consists of direct criticism of the king and his officers in very sharp language. The poet does this after elaborating on how meaningless it is to serve such kings in a world where scholars and scholarship have lost their relevance. Then there is a detailed section where the king and his officers are equated with the buffalo, and vice versa. This section pulls no punches in thrashing the king and his officers. The third and final part is social protest, clothed in not-so-subtle sarcasm. In the poet's own words, what he does is to punish the king and the officers of the state with "the rod of speech." While the kings and ministers of old had been verily life-giving elixir to intellectuals who depended on them, the present rulers are so many vulgar urchins for whom knowledge is nothing but poison. It is surprising that people still seek out the hell of waiting at the outer doors of the royal palace even after seeing the advantages of agriculture, hailed by theory and tested by practice. Pursuit of scholarship, too, had lost its charm as the experience of Śrīdhara and Ambu Dīkṣita shows.[25] Even the poet's own experience is enough to show the negative attitude of the times towards scholarship: the renowned Kuṭṭikavi, who did not follow Lord Buffalo, is sleeping at the doorsteps of evil lords (v. 7)! It is not just the capital of one's own country: even towns like Srirangam are not any better.

The poet makes it clear that he is praising the buffalo just to pour scorn on the lords. He is putting his gifted tongue to good use to disparage the lords who, not knowing his greatness, are engaged in harassing him. He does this by paying obeisance to his Royal Highness, the Buffalo. Driven by anger at the wicked officers who are persecuting him, the poet gives them a good tongue-lashing. If those kings become conscious of their drawbacks and mend their ways, he will be happy. However, the king is a fool – and his ministers are worse. Those who surround them are traitors who plunder everything. Dīkṣita tells the buffalo (v. 12): "O, Buffalo, don't think of farming in the Co̱la country: I was able to save at least my loincloth in the end; my brother, you do not have even that!"

Filliozat seems to think that the denunciation and rebuke in this poem are directed less to the king himself than to the ministers, officers and other hangers-on of the king. He takes seriously the story of the origin of the poem as given in the prologue of the commentary, ignoring what the poet himself has to say.[26] He may also have been carried away by the statements in the *prastāvanā* of the Srirangam edition. Filliozat translates *rājā mugdhamatiḥ* ("the king is stupid") in verse 12 as "*le roi est innocent d'esprit*" ("the king is innocent of spirit") and concedes only that a direct criticism of the courtiers is an indirect criticism of the king. The commentator glosses this expression by taking it in a very literal sense: *mugdha-matiḥ* is taken to mean "of beautiful intellect" (*mugdhā manojñā matir buddhir yasya sa tādṛśaḥ*)! The

25 From the description of the bad fate of two scholars, Śrīdhara and Ambu Dīkṣita, Pierre-Sylvain Filliozat thinks that the historicity of the work is likely. *MŚ*, Introduction.

26 *MŚ*, Introduction, pp. 11–12. In fact, Filliozat misses the political criticism in the text, which is what I take this primarily to be.

glosses of the great-grandson on certain verses (vv. 1, 2, 11, 12, etc.) are keen to present the poet as being very loyal to the king, and such criticisms as there are as directed against the hangers on. See, for instance, the gloss on v. 11, which insists that "this [verse] suggests that despite the primacy of the king, the officers around him are scoundrels; so also, it implies that this work is not rebuking the king but only giving him good counsel."[27] Further, taking the last two verses seriously may have led Filliozat to this position.[28] For my part, I am convinced that these verses are interpolations. The obsequiousness seen in these two verses does not gel with the strong criticism and severe sarcasm contained in the body of the text. It is likely that some pliant courtier interpolated these verses at the end of the poem in order to please the king. Alternatively, even if the poet himself did add them – perhaps in order to escape punishment – they have to be treated as interpolations. Interpolation *is* interpolation, whether by the author himself or by somebody else. Moreover, the 100th verse of the work crowns the project. It is remarkable for its deft use of *śleṣa*-paronomasia, where the poet sees himself as a gratified Rāma who has won Sītā [back] after crossing the ocean of distress with the help of the buffalo in whom the presence of all the major monkeys is seen.[29] Anything after this verse is simply inappropriate, let alone the two bland, and to my mind interpolated, verses which insult poetry from all angles. One more argument (albeit flimsy) in favour of taking the verses as not forming part of the original is that v. 101 does not occur in the edition of Jibananda Vidyasagara and the v. 102 is not commented on by the commentator. Leaving these out will not cause any harm to the poem: that will, in fact, only enhance its force and beauty. I take the last two verses as interpolations for these reasons.

Be that as it may, Vāñcheśvara Dīkṣita pulls no punches in ridiculing and criticizing the king. He begins the exercise in the third verse of the poem. After praising the kings of yesteryear (such as Nānāji and Śahaji) and their ministers (such as Prabhucandrabhānu and Ānandarāya), he describes those of the present as "vulgar urchins" (*vṛṣaḷāsabhyāḥ*.) To wait upon those kings at their outer gates is the worst of hells (v. 4). These kings are greedy (v. 5). Kings who cannot appreciate the poet's greatness are engaged in persecuting him (v. 6). Dīkṣita composed the poem not so much to praise the greatness of the subject, a lowly animal, as to punish the accursed officers and their lords who were engaged in harassing him (v. 10). He hopes that kings who can appreciate merit would listen to this dissertation on buffalo and learn about their own bad qualities from the suggestions in the poem. He wishes that they would start protecting their subjects according to law, and thus earn the right to the power they wield (v. 11). He states that the king is stupid (v. 12), and that the buffalo would be an illustrious member of the royal court: the buffalo does not have to worry that he does not have the scholarship

27 Commentary on v. 11 below. My translation.
28 vv. 101–2 below.
29 v. 100 below.

and expertise necessary for that position – those who are already there are even greater fools than him. The buffalo would be verily *Vācaspati* ("Lord of Eloquence") among them (v. 22). The poet is only sad that he must praise the buffalo with words sullied by praising the kings, who are mad with wealth and full of other vices (v. 26). Enough of these kings, who are totally lawless (v. 29) – the poet's ears are agitated by the cruel words, devoid of any compassion, of the evil kings who grow increasingly conceited every day; the buffalo's lowing is verily nectar to him (v. 31). The wicked kings are stupid and detestable; haughty for their wealth and of terrible face. There is no use waiting in their courtyard (v. 32). The buffalo toils to fill the coffers of the king, who – alas – persecutes the buffalo, appropriating all that it produces (V. 34). It is hard to stay in the courtyard of the royal palace, stinking of spittle and dark with the smoke that issues from the long cigars in the hands of the arrogant soldiers who are used to speaking only foul language; the buffalo protects one from this danger (v. 38). The kings, who have been blinded by the darkness of riches and lost their discretion, can wait (v. 50). Those kings enjoy their position only by virtue of their birth; they are murderous, and as cruel as hunters (v. 51).

It is not just on the basis of verses in which the king is scolded directly that I take the *Mahiṣaśatakam* to be a strong political critique aimed at the king himself. There are a number of verses in which the king is equated with a buffalo and the buffalo is addressed as a king. There is a joke in a Malayalam movie about somebody who was locked up in the police station for calling a policeman a monkey. When he is released, he says to the policeman: "Yes, I realize that I cannot call a policeman a monkey. But, Sir, can I call a monkey a policeman?" The policeman dismissed him with a smile, saying that that was not an offense. He took leave: "So, Mr. Policeman, bye!" If you cannot call the king a buffalo, go and call the buffalo a king, by all means! This is not exactly a panegyric. There are two ways in which the buffalo is equated with the king: by direct appellations and addresses, and by attributing royal features to the buffalo. The buffalo is described, and addressed, in the following ways:

> *mahiṣādhirāja* (vv. 26, 30, 33, 54, 57, 64, 66, 79, 83); *sairibhapati* (vv. 8, 27, 35, 38, 49, 84); *mahiṣendra* (vv. 17, 34, 39, 52, 53, 61, 67, 70); *kāsarapati* (vv. 21, 51, 58, 78, 99); *kāsareśvara* (vv. 41, 72, 80, 86, 97); *kāsarendra* (vv. 37, 40, 81); *kāsarasārvabhauma* (vv. 29, 56); *mahiṣakṣitīśvara* (vv. 69, 92); *kāsarakṣmāpati* (vv. 90, 98); *lulāyarāja* (vv. 48, 60); *mahāsairibha* (vv. 71, 96); *sairibharājarāja* (v. 20); *śrīkāsarādhīśvara* (v. 62); *sairibhamaṇḍaleśvara* (v. 46); *sairibhamaṇḍalendra* (v. 68); *kāsaramaṇḍaleśvara* (v. 63); *mahiṣeśvara* (v. 7); *rājaśrīmahiṣa* (v. 9); *mahiṣābhikhyaprabhu* (v. 23); *mahiṣāvataṃsa* (v. 45); *lulāyaprabhu* (v. 6, 49, 55, 75.); *mahiṣādhīśa* (v. 77); *lulāyādhīśa* (v. 95).

On another level, all attributes of royalty are seen in the buffalo. He who protects people is the king. If a king is a king only after he is duly anointed, O buffalo, please come to the pond. I shall pour pitchers of water on your head (v. 50).

The next two verses end with the refrain, "you alone are our only king!"[30] Thus, seen in any which way you look at, the attributes of royalty are unmistakably present in the buffalo.

It does not end there. If the poet has to wait upon wicked kings, it is because he has refused to follow Lord Buffalo (v. 7). His Royal Highness, the Buffalo, is one who protects the poet these days (v. 9). He considers the buffalo, who provides people with grain and other forms of wealth, as one who is worthy of respect. What are other kings good for (v. 16)? Those who depend on the buffalo do not suffer poverty – not even in their dreams. Riches and grains of many varieties fill their coffers (v. 30). "Even the wise do not take to my king, the Buffalo, granter of desires and softest of all, who protects us with the fruits of the earth" (v. 32). The cattle shed is verily a palace for the buffalo and dung, musk; the dust on the floor is fresh silken cloth (v. 33). The buffalo looks like one who is initiated to perform the *aśvamedha*, the Vedic sacrifice that authentically makes the statement that one is a king (v. 58). When kings of *purāṇic* fame such as Bhīṣma (the terrible), Anala (one who is never satisfied), Nṛga (approachable to men), Hrasvaroma (with short hair), Bharata (weighty), Pṛthu (with a huge body), Marutta (faster than wind) are present in the buffalo, the poet would not go to the wicked kings any more (v. 82). In another verse which uses the double entendre in an equally brilliant way, the poet sees in the buffalo the presence all major kings of the *Mahābhārata* fame (v. 85).

The political criticism contained in this poem is not confined to seeing a buffalo in the king and the king in a buffalo. The poet spares no opportunity to scold the agents of the king on different levels. The reference to the "vulgar urchins who look upon knowledge as so much of poison" in the third verse refers as much to the ministers as to the king. Ministers of the king are traitors and are intent on stealing everything (v. 12). "These rascals, vying with one another, make a lot of wealth in the form of grains or gold. They covet power, and pretending to be adventurous and cultivating those close to the king with bribes, rob people of everything. Death upon such villains!" (v. 13). The poet says that he took to agriculture because it was impossible to make a living through the pursuit of scholarship. When the crops become ripe, however, cheats of officers such as *subhedār*, *havaldār*, *majumdār*, etc. mercilessly encircle the field. "Alas, what do I say?" (v. 15) Inebriated by the arrogance bred by prosperity, these corrupt followers of mammon enjoy the company of wicked friends and indulge in gluttony and sex (v. 16). These rich fellows are evil, and drunk with the pride of wealth. They are greedy. They are lowly whoresons. They always speak harsh words. It is better to look at the huge testicles of the buffalo than seeing their faces; by doing so, one is assured of a sumptuous meal (v. 17)!

30 vv. 51–2 below. See also the commentary on v. 52 below, where all attributes of the king such as entertaining *mahiṣīs* (" royal consorts"), *mūrdhābhiṣiktaḥ* ("being anointed"), *vālavyajana* ("flywhisk and fan"); *śṛṅgānvitaḥ* ("accompanied by the horn (the musical instrument)"); *svāṃ prakṛtiṃ na muñcasi* ("not leaving the entourage"), etc. are seen in the buffalo.

A few verses that follow are exclusively devoted to excoriating the *subhedār*s, who seem to have earned the poet's special wrath. The *subhedār* was in charge of a *suba* (the kingdom of Thanjavur was divided into six *suba*s under the Marathas). "The *subhadar* was a most powerful man for he was not only the controller of the administrative machinery of the *subha* but was also in charge of the military department."[31] The *subhedār* is a natural object of hatred, given that *subhedārs* engaged in extortion and other excesses. The poet is very harsh in rebuking them. Whatever the buffalo produces is taken away by the *subhedār*s. Indeed, what parents produce is taken away by children, whether by love or by force (v. 18)! By an expert use of *śleṣa*-paronomasia, the poet points out similarities between the *subhedār*s and the buffalo and sees that they are his brothers. His only question is: who is elder and who is younger? (v. 19) The poet has been serving the buffalo by giving him bundles of grass, washing him clean and massaging his body. Would he do a favour in return? Would he take the God of Death, riding on his back, to the *subhedār*s sooner? (v. 20) "O Lord of Buffaloes, listen to me if you are hungry. Go and eat those Subhedars whom we take for so much of grass. What use is it to the world that you eat bundles of silly, innocent, hay every day?" (v. 21)

Mahiṣaśatakam is not just political criticism alone. Kuṭṭikavi exposes and laughs at the social and cultural decadence that had swallowed the country. We saw that the rulers of the day are described as "vulgar urchins who look upon knowledge as so much of poison." This pains the poet. The statements that "the intelligent savant Śrīdhara has become a shrewd vendor of the commodity of knowledge" and that "poor Ambu Makhin's good food got turned into gold" show how knowledge had been reduced to a saleable commodity (v. 7). He does not conceal his strong disapproval of this commodification of knowledge. Although he is pained about the way in which it has become difficult to make a living through the pursuit of scholarship, he expresses his pain in a language clothed in cutting humour (v. 15). The poet's accusing finger points to other areas where society is decadent. He has only contempt, bordering on intolerance, for institutionalized religion. The meaninglessness of sacrificial rites, pilgrimage and various yogic practices is the subject of one verse (v. 36). The way in which Vedic scholars made a fetish of their expertise (v. 54), the conceited ways of sectarian groups such as of the Mādhvas (v. 55), Śrīvaiṣṇavas (v. 57), etc., the ways of yoga (v. 56), the activities of a *yajamāna* in a sacrifice (v. 58) – all this is the subject of the poet's ridicule.

The poet's expertise in various branches of knowledge is remarkable. He shows considerable awareness of agricultural practices. Vāñcheśvara Dīkṣita is a keen observer of things around him, as just one *svabhāvokti* (graphic description) will testify to.[32] His scholarship ranges from *kāmaśāstra* to *mīmāṃsā*, and includes subjects as varied as *tarka*, *vyākaraṇa*, prosody, poetics, *dharmaśāstra*, *purāṇa*, *itihāsa* and so on. He attributes expertise in each one of these into the buffalo, with

31 Srinivasan, *op. cit.*, p. 353.
32 v. 39 below.

the help of his mastery of the double entendre. It is not for nothing that he was given the title of an Emperor of Double Entendre, *Śleṣasārvabhauma.* Thus we have in the buffalo the *brahman* (v. 59); Indra (v. 60); *sālagrāma* (v. 61); the ocean (v. 63); the mountain (v. 81); Hanūmat (v. 64); Kārtavīrya Arjuna (v. 65); a poet (v. 66); a poem (v. 67); Bharatācārya (v. 68) 11 incarnations of Viṣṇu, including the Buddha (vv. 69–79); Śiva (v. 80); kings of *purāṇic* fame (v. 82); Arjuna (v. 83); Karṇa (v. 84); the *Mahābhārata* (v. 85); Droṇa (v. 86); Laṅkālakṣmī (v. 87); Rāvaṇa (v. 88); a Muslim chief, Chanda Khan (v. 89); a grammarian (v. 90); a logician (v. 91); a philosopher of the *mīmāṃsā* school (v. 92); a poetic treatise (v. 93); the nine *rasa*s (v. 94); a libertine (v. 95); a voluptuary (v. 96); Vālin (97); the guardians of directions (v. 98); the great gifts (*mahādāna*s) (v. 99) and a gratified Rāma (v. 100). All this is achieved by a masterly use of double entendre. No amount of appreciation for this aspect of the poet's literary ability would be too much. So also, in the field of aesthetics, the poet achieves great heights, particularly when employing different figures of speech. I just make a mention of these: I have not taken up these aspects for detailed study here. So also, the poet's references to points of grammar, prosody, poetics, philosophy, logic, *dharamśāstra*s, *kāmaśāstra*, the *Purāṇa*s and so on indicates his expertise in these fields. In fact, it would take a separate study to appreciate the literary and scholarly aspects of the poem.

I argue that this poem has to be seen primarily as expressing social and political protest. At a time when corruption and debauchery had overtaken the rulers and their agents; when the countryside lay prostrate with war, famine and pestilence; when social and religious practices had become decadent; when foreign powers of different descriptions were making a bid to establish economic and political control; when foreign faiths were making inroads, the poet comes out strongly with his protest. This protest is articulated through loud laughter. Satire becomes more than apology; it is protest of the most outspoken kind. At the same time, what we find here is not one of those "weapons of the weak,"[33] as the need for the two last, interpolated, verses indicates. In dealing with the intellectual history of the "early modern" period of Indian history, historians have not given sufficient attention to the works of intellectuals such as Vāñcheśvara Dīkṣita. It is only after their work is appreciated that a fuller appreciation of how intellectuals reacted to changing times will be possible.

33 James C. Scott, *Weapons of the Weak: Everyday Forms of Peasant Resistance*, New Haven: Yale University Press, 1987.

MAHIṢAŚATAKAM

Text and translation

महिषशतकम्

श्रीवाञ्छेश्वरकविप्रणीतम्

स्वस्त्यस्तु प्रथमं समस्तजगते शस्ता गुणस्तोमतः[1]
सन्तो ये[2] निवसन्ति सन्तु सुखिनस्तेऽमी शिवानुग्रहात्।
धर्मिष्ठे पथि संचरन्त्ववनिपा धर्मोपदेशादृता-
स्तेषां ये भुवि मन्त्रिणः सुमनसस्ते सन्तु दीर्घायुषः ॥1॥

svastyastu prathamaṃ samastajagate śastā guṇastomataḥ
santo ye nivasanti santu sukhinaste'mī śivānugrahāt.
dharmiṣṭhe pathi sañcarantvavanipā dharmopadeśādṛtās-
teṣāṃ ye bhuvi mantriṇaḥ sumanasaste santu dīrghāyuṣaḥ. 1.

First of all, by the grace of Śiva, be it well for the entire world; hail the virtuous ones who live a good life and are celebrated for their qualities. May the kings who respect the counsel of *dharma* take the path of *dharma*. May their good ministers live long, too. 1

ये जाता विमलेऽत्र भोसलकुले सूर्येन्दुवंशोपमे
राजानश्चिरजीविनश्च सुखिनस्ते सन्तु संतानिनः।
[3]ये तद्वंशपरम्पराक्रमवशात्सभ्याः समभ्यागता-
स्ते सन्तु प्रथमानमानविभवा राज्ञां कटाक्षोर्मिभिः ॥2॥

1 त्रस्ता मनस्तापतः – जी.
2 तत्सन्तो – जी.
3 एतद्वंश – जी.

ye jātā vimale'tra bhosalakule sūryenduvaṃśopame
rājānaścirajīvinaśca sukhinaste santu saṃtāninaḥ.
ye tadvamśaparamparākramavaśāt sabhyāḥ samabhyāgatās-
te santu prathamānamānavibhavā rājñāṃ kaṭākṣormibhiḥ. 2.

May the kings born into this family of Bhosales, comparable to the Solar and Lunar Dynasties [of old], live long happily and have worthy successors. May their ministers, who have served them for generations, be prosperous and earn esteem on account of the waves of the graceful glance of these kings. 2

नानाजिप्रभुचन्द्रभानुशहजीन्द्रानन्दरायादयो
विद्वांसः प्रभवो गताः [4]श्रितसुधीसंदोहजीवातवः।
विद्यायां विषबुद्धयो हि [5]वृषलासभ्यास्त्विदानींतनाः
किं कुर्वेऽम्ब कृषे व्रजामि शरणं त्वामेव विश्वावनीम् ।।3।।

nānājiprabhucandrabhānuśahajīndrānandarāyādayo
vidvāṃsaḥ prabhavo gatāḥ śritasudhīsandohajīvātavaḥ.
vidyāyām viṣabuddhayo hi vṛṣalāsabhyāstvidānīṃtanāḥ
kim kurve'ṃba kṛṣe vrajāmi śaraṇam tvāmeva viśvāvanīm. 3 .

Lords, such as Nānāji (the king), Prabhucandrabhānu (his minister), Śahaji[6] (the king), Ānandaraya[7] (his minister) and so on, who were scholars in their own right and verily life-giving elixir to intellectuals who depended on them, are all gone. Those of the present are so many vulgar urchins who look upon knowledge as but poison. What to do? O Mother Agriculture, I take refuge in you, the Protector of the World. 3

अक्षैर्मेति ननु श्रुतिः श्रुतिपथं प्रायः प्रविष्टा न किं
सौख्यं वा हलजीविनामनुपमं भ्रातर्न किं पश्यसि।
किं वक्ष्ये तदपि क्षितीश्वरबहिर्द्वारप्रकोष्ठस्थली-
दीर्घावस्थितिरौरवाय कुरुषे हा हन्त हन्त स्पृहाम् ।।4।।

akṣairmeti nanu śrutiḥ śrutipathaṃ prāyaḥ praviṣṭā na kim
saukhyaṃ vā halajīvināmanupamaṃ bhrātarna kiṃ paśyasi.

4 श्रुतसुधी – जी.
5 वृषलास्सभ्या – जी.
6 Śahaji (1687 to 1711) was the son of Vyamkoji (or Ekoji).
7 Ānandarāya was from a family of pandits and ministers. He served Śahaji and Śarabhoji, the Bhosales of Thanjavur, as Peshwa combining in him the offices of *mantri* (minister) and *daḷavāy* (chief of army). For details, Srinivasan, *Maratha Rule in the Carnatic*, p. 349.

kiṃ vakṣye tadapi kṣitīśvarabahirdvāraprakoṣṭhasthalī-
dīrghāvasthitirauravāya kuruṣe hā hanta hanta spṛhāṃ. 4.

Hasn't the scriptural injunction, "Not with dice . . ."[8] even entered your ears? Don't you, my brother, see the incomparable happiness of those who live by the plough? Still you covet, alas, alas, the hell of waiting long at the outer gates of kings! What shall I say?

दुर्भिक्षं कृषितो न हीति जगति ख्यातं किल ब्रह्मणा-
मापद्धर्मतया [9]मनौ च कृषिगोरक्षादिकं संमतम्।
भूपेष्वर्थपरेषु हन्त समये क्षुण्णे च दुर्भिक्षतो
वृत्त्यर्थं कृषिमाश्रयेम भुवि नः किं वा ततो हीयते ।।5।।

durbhikṣaṃ kṛṣito na hīti jagati khyātaṃ kila brahmaṇām-
āpaddharmatayā manau ca kṛṣigorakṣādikaṃ saṃmataṃ.
bhūpeṣvarthapareṣu hanta samaye kṣuṇṇe ca durbhikṣato
vṛttyarthaṃ kṛṣimāśrayema bhuvi naḥ kiṃ vā tato hīyate. 5.

It is well-known that agriculture forestalls famine. And, Manu too permits agriculture and cattle-keeping for Brāhmaṇas in hard times. When, alas, kings are greedy and times are troubled by famine, let us take to agriculture for a living. What do we lose by it? 5

आर्यश्रीधरमम्बुदीक्षितमिमौ दृष्ट्वा महापण्डितौ
विद्यायै स्पृहये न यद्यपि वरं क्षात्रं बिभेम्याहवात्।
वाणिज्यं धनमूलकं तदखिलं त्यक्त्वा श्रितस्त्वामहं
त्वं विद्या च धनं त्वमेव सकलं त्वं मे लुलायप्रभो ।।6।।

āryaśrīdharamambudīkṣitamimau dṛṣṭvā mahāpaṇḍitau
vidyāyai spṛhaye na yadyapi varaṃ kṣātraṃ bibhemyāhavāt.
vāṇijyaṃ dhanamūlakaṃ tadakhilaṃ tyaktvā śritastvāmahaṃ
tvaṃ vidyā ca dhanaṃ tvameva sakalaṃ tvaṃ me lulāyaprabho. 6

Looking at [the plight of] the great Śrīdhara and Ambu Dīkṣita, I do not desire for knowledge any more. I am scared of the ruler's office, however great it is, for the war it entails. Trade requires capital/investment. Leaving all these, I take refuge in you. O Buffalo, My Lord: you are Knowledge, you are Wealth, and you alone are everything to me. 6

8 "Play not with dice: no, cultivate thy corn-land. Enjoy the gain, and deem that wealth sufficient. There are thy cattle, there thy wife, O gambler." *Ṛg Veda*, X. 34.13 (Ralph Griffith's translation).

9 मनोश्च – ते.

[10]विद्यापण्यविशेषविक्रयवणिग्जातः सुधीः श्रीधरः
स्वन्नं स्वर्णमभूद्बताम्बुमखिनो धिक्तस्य षड्दर्शनीम्।
ख्यातः कुट्टिकविस्तु दुर्धनिगृहद्वारेषु निद्रायते
तत्सर्वं महिषेश्वराननुसृतेर्दौर्भाग्यधाम्नः फलम् ।।7।।

vidyāpaṇyaviśeṣavikrayavaṇigjātaḥ sudhīḥ śrīdharaḥ
svannaṃ svarṇamabhūdbatāmbumakhino dhiktasya ṣaḍdarśanīṃ.
khyātaḥ kuṭṭikavistu durdhanigṛhadvāreṣu nidrāyate
tatsarvaṃ mahiṣeśvarānanusṛterdaurbhāgyadhāmnaḥ phalam.

The intelligent savant Śrīdhara has become a shrewd vendor of the commodity of knowledge. Poor Ambu Makhin's good food got turned into gold! To hell with his six systems of philosophy! The famous Kuṭṭikavi is sleeping at the gates of those louts of rich men. All this is the result of their unfortunate refusal to follow Lord Buffalo!

विद्वन्मा कुरु साहसं शृणु वचो वक्ष्यामि यत्ते हितं
त्यक्त्वा कामदमत्र सैरिभपतिं निर्व्याजबन्धुं नृणाम्।
श्रीरङ्गाभिधपत्तनं[11] प्रति सखे मा गा ज्वरस्यालयं
दूरे श्रीर्निकटे कृतान्तमहिषग्रैवेयघण्टारवः ।।8।।

vidvanmā kuru sāhasaṃ śṛṇu vaco vakṣyāmi yatte hitaṃ
tyaktvā kāmadamatra sairibhapatiṃ nirvyājabandhuṃ nṛṇāṃ.
śrīraṅgābhidhapattanaṃ prati sakhe mā gā jvarasyālayam
dūre śrīrnikaṭe kṛtāntamahiṣagraiveyaghaṇṭāravaḥ. 8.

Dear scholar, don't do anything reckless. Listen to me: I shall tell you what suits you best. My friend, don't leave Lord Buffalo, the true friend of men who grants wishes, and go to the town of Śrīraṅga ("the Theatre of Prosperity"), [in reality] the house of fever, where prosperity is distant, and what you have at hand is the sound of the bell round the neck of the buffalo whom the God of Death rides on. 8

यं यो रक्षति तस्य स प्रभुरिति स्पष्टं हि मद्रक्षिणो
राजश्रीमहिषान्विनुत्य सफलं कुर्वेऽद्य वाग्वैभवम्।
मत्पीडानिरतान्मदीयमहिमाभिज्ञानशून्यान्प्रभू-
न्यन्निन्दामि निशम्य तद्गुणविदस्तुष्यन्तु सन्तो नृपाः ।।9।।

10 प्रज्ञापण्य – जी.
11 पट्टणं – जी.

yaṃ yo rakṣati tasya sa prabhuriti spaṣṭaṃ hi madrakṣiṇo
rājaśrīmahiṣān vinutya saphalaṃ kurve'dya vāgvaibhavaṃ.
matpīḍāniratān madīyamahimābhijñānaśūnyān prabhūn
yannindāmi niśamya tadguṇavidastuṣyantu santo nṛpāḥ. 9

It is clear that the one who protects a person is his lord. I shall put my eloquence to good use by paying obeisance to His Royal Highness, the Buffalo, my protector. May those good kings, who can appreciate merit, take delight hearing this, by which I censure those lords who, unaware of my merits, keep on harassing me. 9

कंचित्पश्वधमं लुलाय विगुणं कर्तुं प्रबन्धाञ्छतं
त्वामालम्ब्य समुत्सहे न खलु तद्वर्ण्यस्य माहात्म्यतः।
मद्द्रोहप्रवणाधिकारिहतकक्रोधेन तन्निन्दन-
व्याजात्तत्प्रभुतत्प्रभुष्वपि च वाग्दण्डो मया पात्यते ।।10।।

kaṃcitpaśvadhamaṃ lulāya viguṇaṃ kartuṃ prabandhāñchataṃ
tvāmālambya samutsahe na khalu tadvarṇyasya māhātmyataḥ.
maddrohapravaṇādhikārihatakakrodhena tannindana-
vyājāttatprabhutatprabhuṣvapi ca vāgdaṇḍo mayā pātyate. 10

O Buffalo, I set out to compose a hundred verses on you, a lowly animal without any merit, not so much for the greatness of the subject as to censure indirectly those nefarious lords who are keen on harassing me. I want to beat them and their lords with the rod of speech. 10

The pun on word *viguṇa* – "without any merit " **and** "without rope"– is interesting. The commentator appears to have missed it.

[12]श्रुत्वेमं महिषप्रबन्धमिह ये भूपा गुणग्राहिण-
स्ते बुद्ध्वा निजदुर्गुणान्कविमुखात्तद्व्यङ्ग्यमर्यादया।
अद्रोहेण निजाः प्रजा इव यथाधर्मं प्रजा रक्षितुं
कुर्वन्तु स्वकुलक्रमागतनरान्देशाधिकारोचितान् ।।11।।

śrutvemaṃ mahiṣaprabandhamiha ye bhūpā guṇagrāhiṇas-
te buddhvā nijadurguṇān kavimukhāttadvyaṅgyamaryādayā.
adroheṇa nijāḥ prajā iva yathādharmaṃ prajā rakṣitum
kurvantu svakulakramāgatanarān deśādhikārocitān. 11.

May such kings, as can appreciate merit, realize their evil ways after hearing this composition on the buffalo from the mouth of the poet and appreciating the

12 श्रुत्वैतत् – ते., जी.

suggestions there. May those kings enable their successors to protect, according to *dharma*, their subjects like their own children, without ever persecuting them. 11

राजा मुग्धमतिस्ततोऽपि सचिवास्तान्वञ्चयन्तः खला
देशद्रोहपराः सदैव वृषलाः सर्वापहारोद्यताः।
आशां मा कुरु चोलदेशकृषये त्वं सैरिभातः परं
शिष्टं मे त्वलमल्लकं तदपि न भ्रातस्तवास्त्यन्ततः ।।12।।

rājā mugdhamatistato'pi sacivāstān vañcayantaḥ khalā
deśadrohaparāḥ sadaiva vṛṣalāḥ sarvāpahārodyatāḥ.
āśāṃ mā kuru coladeśakṛṣaye tvaṃ sairibhātaḥ paraṃ
śiṣṭaṃ me tvalamallakaṃ tadapi na bhrātastavāstyantataḥ. 12.

The king is stupid, and his ministers are worse. Wicked traitors, urchins intent upon always stealing everything, cheat them. O Buffalo, don't think of farming in the Co<u>l</u>a country: I could save at least my loincloth in the end; my brother, you do not have even that!

धान्यं वाऽथ धनानि वा समधिकं कृत्वा मिथः स्पर्धया
[13]मिथ्यासाहसिनोऽभ्युपेत्य वृषला देशाधिकाराशया।
उत्कोचेन नृपान्तिकस्थितजनान्वश्यान्विधाय प्रजा-
सर्वस्वं प्रसभं हरन्ति च शठास्ते यान्तु कालान्तिकम् ।।13।।

dhānyaṃ vātha dhanāni vā samadhikaṃ kṛtvā mithaḥ spardhayā
mithyāsāhasino'bhyupetya vṛṣalā deśādhikārāśayā.
utkocena nṛpāntikasthitajanān vaśyān vidhāya prajā-
sarvasvaṃ prasabhaṃ haranti ca śaṭhāste yāntu kālāntikaṃ.

These rascals, vying with one another, make a lot of wealth in the form of grains or gold. They covet power, and pretending to be adventurous and cultivating those close to the king with bribes, rob people of everything. Death upon such villains! 13

[14]चौर्यं नाम कृषीवलस्य सहजो धर्मो ह्यवृत्त्यन्तरै-
श्चोलेषु द्विजसत्तमैरनुचिताऽप्यङ्गीकृता सा कृषिः।

13 A whole line is different here in जी.: लुण्ठित्वा बहुधौपधावितरणां तत्पूर्तये ये प्रजा।
14 कृष्यं – जी.

तानेतान्वृषलाः शपन्त्यकरुणा ये दुःश्रवैर्भाषितै-
र्ये वा तान्प्रहरन्ति तन्मुखकरं भूयात्कृमीणां[15] पदम्।।14।।

cauryaṃ nāma kṛṣīvalasya sahajo dharmo hyavṛttyantaraiś-
coleṣu dvijasattamairanucitāpyaṅgīkṛtā sā kṛṣiḥ.
tānetān vṛṣalāḥ śapantyakaruṇā ye duḥśravairbhāṣitair-
ye vā tān praharanti tanmukhakaraṃ bhūyātkṛmīṇāṃ padaṃ.

When there is no work, they say, theft is natural to the peasant. Worthy Brāhmaṇas of the Co<u>l</u>a country have taken to agriculture for want of anything better, even though it is not becoming of them. May the hands and tongues of those merciless villains, who curse these Brāhmaṇas with harsh words and beat them up, rot and be home to worms! 14

विद्याजीवनकुण्ठनेन च कृषावालम्बितायां चिरा-
दापक्वे कणिशे कुतोऽपि पिशुनाः केदारमावृण्वते।
[16]हा किं वच्मि सुभाहवालुमणियंमेजुष्टहस्तान्तरं
हर्कारस्थलसंप्रतीमुजुमुदादित्यादयो निर्दयाः ।।15।।

vidyājīvanakuṇṭhanena ca kṛṣāvālambitāyāṃ cirād-
ā pakve kaṇiśe kuto'pi piśunāḥ kedāramāvṛṇvate.
hā kiṃ vacmi subhāhavālumaṇiyaṃ mejuṣṭahastāntaraṃ
harkārasthalasampratīmujumudādityādayo nirdayāḥ. 15.

It being foolish to seek a living by the pursuit of knowledge, I took to agriculture. Then, as the crops get ready, the treacherous and cruel officers such as Subhedar, Havaldar, Maṇiyam, Meljuṣṭa[?], Kaikkāran, Harikkāran, Sthalasamprati and Majumdar pounce from nowhere and stay at hand to surround the field. O what do I say? 15

[17]मुग्धान्धिग्धनिकान्रमामदमषीदिग्धान्विदग्धानहो
जग्धौ यद्विधषु दग्धबुद्धिविभवान्स्निग्धैः खलैरन्वहम्।
धन्यं सैरिभमेकमेव भुवने मन्ये किमन्यैर्नृपै-
र्यो धान्यैश्च धनैश्च रक्षति जनान्सर्वोपकारक्षमः ।।16।।

15 क्रिमीणां – ते.
16 हा तत्किं कथयेह बालुमणियं मे पुल्लिहस्तान्तरं – जी.
17 मुग्धान्निर्धनिकान् – ते।

***mugdhān dhig dhanikān ramāmadamaṣīdigdhān vidagdhānaho
jagdhau yabdhiṣu dagdhabuddhivibhavān snigdhaiḥ khalairanvahaṃ.
dhanyaṃ sairibhamekameva bhuvane manye kimanyair nṛpair-
yo dhānyaiśca dhanaiśca rakṣati janān sarvopakārakṣamaḥ. 16***

To hell with the rich, insensate idiots surrounded by wicked friends, arrogant for their prosperity, drunken with the conceit of wealth, and lost in the pleasures of gluttony and sex. I consider the Buffalo, who protects people with grain and wealth, as the only worthy being. What are other kings good for? 16

मत्ता वित्तमदैर्दुराग्रहभृतश्चण्डालरण्डासुता
येऽमी [18]दुर्धनिका नितान्तपरुषव्याहारकौलेयकाः।
तेषां वक्त्रविलोकनात्तव वरं स्थूलाण्डकोशेक्षणं
येन श्रीमहिषेन्द्र लभ्यत इह प्रायेण मृष्टाशनम् ।।17।।

***mattā vittamadairdurāgrahabhṛtaścaṇḍālaraṇḍāsutā
ye'mī durdhanikā nitāntaparuṣavyāhārakauleyakāḥ.
teṣāṃ vaktravilokanāttava varaṃ sthūlāṇḍakośekṣaṇaṃ
yena śrīmahiṣendra labhyata iha prāyeṇa mṛṣṭāśanam. 17***

Drunken with the arrogance of riches, these greedy, untouchable whoresons are so many dogs always spitting harsh words. O Lord of Buffaloes, it is better to see your huge scrotum than their faces: by that, at least a sumptuous meal is assured![19] 17

देहं स्वं परिदग्ध्य यद्धि भवता धान्यं धनं वार्जितं
तत्सर्वं प्रसभं हरन्ति हि सुभेदाराः स्वकीयं यथा।
हेतुस्तत्र किलायमेव महिष ज्ञातो मया श्रूयतां
पुत्रा एव पितुर्हरन्ति हि धनं प्रेम्णा बलाद्वाऽखिलम् ।।18।।

***dehaṃ svaṃ paridagdhya yaddhi bhavatā dhānyaṃ dhanaṃ vārjitaṃ
tatsarvaṃ prasabhaṃ haranti hi subhedārāḥ svakīyaṃ yathā.
hetustatra kilāyameva mahiṣa jñāto mayā śrūyatāṃ
putrā eva piturharanti hi dhanaṃ premṇā balādvākhilaṃ. 18***

Whatever grain and wealth you earn by burning your body out is appropriated by the Subhedars as if it is their own. O Buffalo, I know the reason: it is children who take away all their father's wealth, whether for love or by force! 18

18 दुर्धिनकानि कामपरुष – जी.
19 The commentator draws our attention to the fact that the peasant behind the plough always sees the scrotum of the buffalo – and he is sure of his meal!

उन्मत्ता द्रविणाधिकारवशतः स्तम्भंगता दुर्गुणैः
संजाता वृषलेशतो विरचितान्यायातिभूत्यादृताः।
केचिच्छृङ्गभृतश्च संप्रतिसुभेदाराधमाः कासर
ज्येष्ठाः किं भवतो वद त्वमथ वा सत्यं कनिष्ठा इमे ॥19॥

unmattā draviṇādhikāravaśataḥ staṃbhaṃgatā durguṇaiḥ
saṃjātā vṛṣaleśato viracitānyāyātibhūtyādṛtāḥ.
kecicchṛṅgabhṛtaśca saṃprati subhedārādhamāḥ kāsara
jyeṣṭhāḥ kiṃ bhavato vada tvamathavā satyaṃ kaniṣṭhā ime. 19

Drunken with wealth and power, idiotic for bad qualities, of unjust conduct as masters of mere urchins, honoured because of ill-gotten riches, some of these lowly Subhedars also carry the horn. O Buffalo, tell me the truth: are they your elder brothers or younger?[20] 19

तृण्यादानजलावगाहनतनूसंघर्षणादिक्रमैः
कामं सैरिभराजराज भवतः सेवामकार्षं चिरम्।
एतावत्त्वहमर्थये पितृपतिं देवं त्वदारोहिणं
क्षिप्रं प्रापय संनिधिं ननु सुभेदारस्य मद्द्रोहिणः ॥20॥

tṛṇyādānajalāvagāhanatanūsaṃgharṣaṇādikramaiḥ
kāmaṃ sairibharājarāja bhavataḥ sevāmakārṣaṃ ciraṃ.
etāvattvahamarthaye pitṛpatiṃ devaṃ tvadārohiṇaṃ
kṣipraṃ prāpaya saṃnidhiṃ nanu subhedārasya maddrohiṇaḥ. 20

O Buffalo, King of Kings, I have been serving you for so long, feeding you with bundles of grass, washing you every day, scrubbing your body thoroughly and so on. May I ask a small [favour]? Will you take the God of Death, who rides on your back, sooner to these Subhedars who keep on harassing me? 20

क्षुद्बाधां यदि यासि कासरपते तर्हीदमाकर्ण्यता-
मस्माभिर्हि तृणीकृतान्भुवि सुभेदारान्सुखं भक्षय।
निःसारानपराधलेशरहितानेतान्पलालोत्करा-
न्नित्यं भक्षयता त्वया क इव हा लोकोपकारो भवेत् ॥21॥

20 The similarity between the buffalo and the officers is brought out by the use of śleṣa-paronomasia: *draviṇa*, wealth **and** strength; *staṃbhaṃ gatāḥ*, idiotic **and** tied to a pole; *durguṇa*, bad qualities **and** bad rope; *vṛṣaleśa*, one who has an urchin for a master (*bahuvrīhi-samāsa*) **and** one who is a master of lowly people (*tatpuruṣa-samāsa*); *anyāya*, injustice **and** others' income (*anya+āya*); *śṛṅgabhṛt*, "bearing the horn" (the privilege to blow the horn is a symbol of aristocracy [*śṛṅgaṃ prabhutve – Viśva*]. The commentator cautions us against suspecting a pun on *vṛṣaleśa*, which can also mean "a little semen"! In any case, there is nothing poetic about such a reading.

kṣudbādhāṃ yadi yāsi kāsarapate tarhīdamākarṇyatām-
asmābhirhi tṛṇīkṛtān bhuvi subhedārān sukhaṃ bhakṣaya.
niḥsārānaparādhaleśarahitānetān palālotkarān
nityaṃ bhakṣayatā tvayā ka iva hā lokopakāro bhavet. 21

O Lord of Buffaloes, listen to me if you are hungry. Go and eat those Subhedars whom we take for so much of grass. What use is it to the world that you eat bundles of silly, innocent, hay every day? 21

कर्षं कर्षमहर्निशं वसुमतीं क्लिश्नासि किं कासर
त्वं सभ्यैरधुनातनैर्नृपसभं साकं सुखेनावस।
न ज्ञानं न च मेऽस्ति कौशलमिति व्यर्थां मतिं मा कृथा-
स्त्वत्तो मूढतमा इमे भवसि हि त्वं तेषु वाचस्पतिः ।।22।।

karṣaṃ karṣamaharniśaṃ vasumatīṃ kliśnāsi kiṃ kāsara
tvaṃ sabhyairadhunātanairnṛpasabhaṃ sākaṃ sukhenāvasa.
na jñānaṃ na ca me'sti kauśalamiti vyarthāṃ matiṃ mā kṛthās-
tvatto mūḍhatamā ime bhavasi hi tvaṃ teṣu vācaspatiḥ. 22

O Buffalo, why should you toil like this, ploughing the earth day and night? Go and stay comfortably in the royal court along with its members of the day. Don't entertain useless thoughts such as that you don't have the necessary knowledge or cleverness: those who are there are greater fools than you. You will be verily the Lord of Speech among them! 22

तानाश्रित्य चिरं खलान्मधुमुचा वाचा च नुत्वा बहु-
श्रान्तोऽहं विफलश्रमस्तदुपरि द्राग्वैश्यकर्माश्रितः।
निष्काण्यद्य शतं वितीर्य महिषाभिख्यानुपेत्य प्रभू-
न्सम्यक्तैः परिरक्षितश्च कृतवित्स्तौम्यद्य हर्षेण तान् ।।23।।

tānāśritya ciraṃ khalānmadhumucā vācā ca nutvā bahu-
śrānto'haṃ viphalaśramastadupari drāgvaiśyakarmāśritaḥ.
niṣkāṇyadya śataṃ vitīrya mahiṣābhikhyānupetya prabhūn
samyak taiḥ parirakṣitaśca kṛtavit staumyadya harṣeṇa tān. 23

Tired of doing the thankless job of betaking myself to these wicked lords for long, praising them with sweet words and doing their bidding, I took a little to the functions of the Vaiśya and acquired this Lord called Buffalo by paying a hundred coins. He protects me well. Let me now praise him with gratitude and pleasure.[21] 23

21 Agriculture and cattle-keeping are among the functions of the Vaiśya according to the *Dharmaśāstras*.

त्वं क्रीतोऽसि मया पणैः कतिपयैर्भर्तुं कुटुम्बं निजं
त्वं तु प्रागधमर्णतामिव भजन्स्वं क्लेशयित्वा वपुः।
नानाधान्यसमुद्भवैर्यदकरोस्त्वं मां तथा निर्वृतं
तत्ते श्रीमहिषाद्भुतैरुपकृतैः क्रीतोऽस्मि मूल्यं विना ।।24।।

tvaṃ krīto'si mayā paṇaiḥ katipayairbhartuṃ kuṭumbaṃ nijam
tvaṃ tu prāgadhamarṇatāmiva bhajan svaṃ kleśayitvā vapuḥ.
nānādhānyasamudbhavairyadakarostvaṃ māṃ tathā nirvṛtaṃ
tatte śrīmahiṣādbhutairupakṛtaiḥ krīto'smi mūlyaṃ vinā. 24

I bought you for a little money to support my family. You toil like an old debtor and raise different crops and gratify me. O Buffalo, you have thus put me at ease and bought me over by these wonderful favours – not for a price! 24

त्वं बद्धोऽसि हि मद्गुणैर्दृढमहं बद्धोऽस्मि च त्वद्गुणै-
स्त्वं मां रक्षसि सैरिभोत्तमसखे रक्षामि च त्वामहम्।
इत्यन्योन्यकृतोपकारमुदितावावामिह द्वावपि
स्थास्यावः शरदां शतं द्रुतममी नश्यन्तु नः शत्रवः ।।25।।

tvaṃ baddho'si hi madguṇairdṛḍhamahaṃ baddho'smi ca tvadguṇais-
tvaṃ māṃ rakṣasi sairibhottama sakhe rakṣāmi ca tvāmahaṃ.
ityanyonyakṛtopakāramuditāvāvāmiha dvāvapi
sthāsyāvaḥ śaradāṃ śataṃ drutamamī naśyantu naḥ śatravaḥ. 25

You are bound fast with my ropes; and I am bound to you for your qualities.[22] O Best of Buffaloes, you look after me and I protect you. In this way, may the two of us live happily for hundreds of years helping each other. May our enemies perish soon. 25

स्तोतुं त्वां महिषाधिराज सुगुणं [23]दीदांसते धीर्मम
त्वं च स्तुत्यतया प्रबन्धवचसां योग्योऽसि किं नन्वहं।
वित्तोन्मत्तनरेन्द्रदुर्गुणघटामिथ्यास्तवोपक्रमै-
र्वाग्भिः पर्युषिताभिरद्य भवतः कुर्वे नुतिं क्षम्यताम् ।।26।।

stotuṃ tvāṃ mahiṣādhirāja suguṇaṃ dīdāmsate dhīrmama
tvaṃ ca stutyatayā prabandhavacasāṃ yogyo'si kiṃ nvanvahaṃ.
vittonmattanarendradurguṇaghaṭāmithyāstavopakramair-
vāgbhiḥ paryuṣitābhiradya bhavataḥ kurve nutiṃ kṣamyatām. 26

22 guṇa – both rope **and** quality.
23 मीमांसते – जी.

I am eager to praise you, O Overlord of Buffaloes, the one of great qualities. You too are indeed worthy of all praise that poetic expressions are capable of. [But] I can use only those words which have been charred by falsely eulogizing those scores of kings earlier, full of evil qualities and inebriated with the arrogance of wealth. I bow before you: do bear with me.[24] 26

शम्बाकारुपिषाणशित्तिरियदामुञ्जालिशम्बालिका-
सूचीकारुविशेषकोद्रवतिलश्यामाकगोधूमकान्।
त्वं सिद्धार्थकुलुत्थमुद्गतुवरीनिष्पावमाषादिकं
तं तं कालमुपेत्य सैरिभपते निष्पाद्य संरक्ष नः ।।27।।

śambākārupiṣāṇaśittiriyadāmuñjāliśambālikā-
sūcīkāruviśeṣakodravatilaśyāmākagodhūmakān.
tvaṃ siddhārthakulutthamudgatuvarīniṣpāvamāṣādikaṃ
taṃ taṃ kālamupetya sairibhapate niṣpādya saṃrakṣa naḥ. 27

O Lord of Buffaloes, protect us by producing varieties of rice such as *campā*, *muñjāli*, *cimpāli* and *sūcīkāṟu* as well as sesamum, millets, wheat, mustard, horse-gram, greengram, pigeon pea and blackgram during the right seasons in the three crops of *kāṟu*, *piśāṉaṃ* and *cittira*. 27

न ब्रूषे परुषं न जल्पसि मृषावादान्न गर्वोन्नतिं
धत्से प्रत्युत लाङ्गले नियमितः स्वं क्लेशयित्वा वपुः।
मर्त्यानामनुपाधिजीवनकृते त्वं कल्पसे कासर
त्वय्येवं सति दुर्नृपाननुसरन्हन्तास्म्यहं वञ्चितः ।।28।।

na brūṣe paruṣaṃ na jalpasi mṛṣāvādānna garvonnatiṃ
dhatse pratyuta lāṅgale niyamitaḥ svaṃ kleśayitvā vapuḥ.
martyānāmanupādhijīvanakṛte tvaṃ kalpase kāsara
tvayyevaṃ sati durnṛpānanusaran hantāsmyahaṃ vañcitaḥ. 28

You don't speak harsh words; nor do you tell lies. You are not conceited. On the contrary, you stay tied to the plough and, toiling hard, you work for providing unconditional living for men. O Buffalo, with you around like this, alas, I was tricked into going after evil kings. 28

पैशुन्यं न हि कर्णगामि भवतो नाञ्चस्ययये वञ्चना-
मेकाकारतयैव तिष्ठसि सखे सर्वास्ववस्थास्वपि।

24 Note the use of words such as *guṇa, prabandhavacas* and *yogya* – qualities **as well as** rope; expressions for composition **as well as** tying; and worthy **as well as** fit for yoke respectively. The commentator seems to have missed this possibility.

भूपालैरलमव्यवस्थविषयैर्दिष्ट्याऽद्य लब्धोऽसि नः
श्रीमत्कासरसार्वभौम भवता नाथेन मोदामहे ।।29।।

paiśunyaṃ na hi karṇagāmi bhavato nāñcasyaye vañcanām-
ekākāratayaiva tiṣṭhasi sakhe sarvāsvavasthāsvapi.
bhūpālairalamavyavasthaviṣayairdiṣṭyādya labdho'si naḥ
śrīmatkāsarasārvabhauma bhavatā nāthena modāmahe . 29

You have not even heard about malice. You are not inclined to cheating. You stay in the same form in all states. Enough of these lawless kings. Fortunately, you are now ours; O Emperor of Buffaloes, I rejoice with you as my master. 29

न स्वप्नेऽपि दरिद्रता प्रसजति त्वामाश्रितानां नृणां
कोशे द्रव्यचयैः पतन्ति बहवः शाल्यादयो व्रीहयः।
इत्थं सर्वजनावनप्रतिभुवे दीनावलीबन्धवे
भूयस्यो महिषाधिराज भवते भूयासुरद्याशिषः ।।30।।

na svapne'pi daridratā prasajati tvāmāśritānāṃ nṛṇāṃ
kośe dravyacayaiḥ patanti bahavaḥ śālyādayo vrīhayaḥ.
itthaṃ sarvajanāvanapratibhuve dīnāvalībandhave
bhūyasyo mahiṣādhirāja bhavate bhūyāsuradyāśiṣaḥ. 30

Those who depend on you suffer poverty not even in their dreams. Riches as grains of many varieties fill their coffers. O Overlord of Buffaloes, committed to protecting all and a friend of the depressed, many benedictions on you. 30

नित्यं हन्त विवर्धमानसुमहादुष्प्राभवोत्साहव-
द्दुर्भूपालकृपालवच्युतरुशत्याकर्णनोदीर्णयोः।
निर्व्याजं मम कर्णयोस्त्वममृतं हुंकारवं चाकृथा
दिष्ट्या संप्रति सीदसीह महिष क्षेत्रेषु कृष्युन्मुखः ।।31।।

nityaṃ hanta vivardhamānasumahāduṣprābhavotsāhavad-
durbhūpālakṛpālavacyutaruśatyākarṇanodīrṇayoḥ.
nirvyājaṃ mama karṇayostvamamṛtaṃ huṃkāravaṃ cākṛthā
diṣṭyā samprati sīdasīha mahiṣa kṣetreṣu kṛṣyunmukhaḥ. 31

Your lowing sound is honestly divine music to my ears that are agitated by the merciless and inauspicious words issuing from the mouths of these evil kings who thrive by the day because of their pomp. It is my good fortune, O Buffalo, that you are now tiring yourself in the field, cultivating it. 31

मूढाभासधनोष्मभीष्मवदनक्ष्मापालपाशाङ्गणे-
ष्वाशापाशविकृष्यमाणहृदया व्यर्थां स्थितिं तन्वते।
अस्मद्भूपतिमाश्रयन्ति न बुधाः कामप्रदं सैरिभं
योऽस्मानक्षति रक्षति क्षितिफलैः सौम्यः समस्तैरपि ।।32।।

mūḍhābhāsadhanoṣmabhīṣmavadanakṣmāpālapāśāṅgaṇeṣv-
āśāpāśavikṛṣyamāṇahṛdayā vyarthāṃ sthitiṃ tanvate.
asmadbhūpatimāśrayanti na budhāḥ kāmapradaṃ sairibhaṃ
yo'smānakṣati rakṣati kṣitiphalaiḥ saumyaḥ samastairapi. 32

Greedy people wait in vain in the yards of those wicked kings, stupid and detestable,[25] haughty for their wealth and of terrible face. Even the wise do not take to my king, the Buffalo, granter of desires and softest of all, who protects us with the fruits of the earth. 32

[26]गोष्ठं ते नृपमन्दिरं शकृदपि प्रायेण कस्तूरिका
पृथ्वीरेणुसमुत्करस्तु वपुषः प्रत्यग्रपिष्टातकः[27]।
निर्व्याजोपकृतिप्रवीणमनसो मानेन लब्धोन्नतेः
सर्वं ते महिषाधिराज तदिदं भूषाविशेषायते ।।33।।

goṣṭhaṃ te nṛpamandiraṃ śakṛdapi prāyeṇa kastūrikā
pṛthvīreṇusamutkarastu vapuṣaḥ pratyagrapiṣṭātakaḥ.
nirvyājopakṛtipravīṇamanaso mānena labdhonnateḥ
sarvaṃ te mahiṣādhirāja tadidaṃ bhūṣāviśeṣāyate. 33

Cattle-shed is verily a palace for you and dung, musk. The layers of dust [covering your body] become fresh silken apparel. Having scaled heights by honour, everything turns out to be an ornament on you, O Overlord of Buffaloes, you adept in helping people artlessly. 33

हा जानुद्वयसे दुरुद्धरपदे पङ्के वहँल्लाङ्गलं
पश्चाच्छूद्रकरप्रतोदघटनासंजातभूरिव्रणः।
क्लेशं यासि हि कोशपूरणकृते राज्ञः स तु द्रुह्यति
ब्रूमः किं महिषेन्द्र ते शिव शिव त्वद्भागसर्वस्वहृत् ।।34।।

25 *Ābhāsa* is used here not in the usual sense known to Sanskrit. The commentator glosses it as "detestable," which is the sense in which it is used in South Indian languages, especially Tamil and Malayalam. Purists will not accept this meaning for the Sanskrit word.

26 The next four verses (33–36) are left out in जी.

27 पिषातकः – ते.

hā jānudvayase duruddharapade paṅke vahaṃllāṅgalaṃ
paścācchūdrakarapratodaghaṭanāsaṃjātabhūrivraṇaḥ.
kleśaṃ yāsi hi kośapūraṇakṛte rājñaḥ sa tu druhyati
brūmaḥ kiṃ mahiṣendra te śiva śiva tvadbhāgasarvasvahṛt. 34

Carrying the plough in knee-deep mud, where it is hard to lift your legs, with the numerous wounds on your back inflicted by the stick in the hands of the peasant, you toil to fill the coffers of the king. And, he persecutes you, alas, after appropriating all that is yours. What can we say, O Lord of Buffaloes! 34

मूढाः केचिदुपाश्रयन्ति धनिकान्क्लिश्यन्तु नश्यन्तु वा
यो मामाश्रयते तमेव बिभृयामात्मप्रयासैरिति।
मृष्टान्नैकवदान्य सैरिभपते हुंभा[28] रवव्याजतो
घण्टाघोषपुरःसरं वितनुषे सम्यक्प्रतिज्ञामपि ।।35।।

mūḍhāḥ kecidupāśrayanti dhanikān kliśyantu naśyantu vā
yo māmāśrayate tameva bibhṛyāmātmaprayāsairiti.
mṛṣṭānnaikavadānya sairibhapate humbhāravavyājato
ghaṇṭāghoṣapuraḥsaraṃ vitanuṣe samyakpratijñāmapi. 35

"Some fools go to the rich men; let them toil or perish. I shall look after those who come to me with my own effort." You seem to be taking this oath, O Lord of Buffaloes, Giver of Sumptuous Meals, by your bellowing sound to the accompaniment of the ringing bell. 35

ख्यातानाहरतु क्रतूनपि शतं क्रूरं विधत्तां तपो
योगाभ्यासमुपैतु वा कलयतां तीर्थाटनं वा पुनः।
त्वत्संदर्शनमन्तरा न महिष प्राप्नोति लोकः शुभा-
न्हंहो पश्वधमोऽपि सैरिभ गुणैः श्लाघ्योऽसि लोकोत्तरैः ।।36।।

khyātānāharatu kratūnapi śataṃ krūraṃ vidhattāṃ tapo
yogābhyāsamupaitu vā kalayatāṃ tīrthāṭanaṃ vā punaḥ.
tvatsandarśanamantarā na mahiṣa prāpnoti lokaḥ śubhān
hamho paśvadhamo'pi sairibha guṇaiḥ ślāghyo'si lokottaraiḥ. 36

Let people perform a hundred celebrated sacrifices or do severe penance; let them do yoga or else go on pilgrimages. But they will not gain merit without paying a visit to you. For, although you are a lowly animal, O Buffalo, you are indeed worthy of praise for your world-renowned qualities.[29] 36.

28 हुंफा – ते.
29 Note the pun on *guṇa* – both quality **and** rope.

त्वामादौ गणयन्ति मूढगणनप्रस्तावनायां जना-
स्ते मूढा महिमाविदस्तव न ते मृष्यामि तां वाच्यताम्।
सस्योत्पत्तिनिदानमस्यथ हविर्मूलं सुराणामपि
ब्रूमः किं बहु कासरेन्द्र जगतामाधारतां गाहसे ।।37।।

tvāmādau gaṇayanti mūḍhagaṇanaprastāvanāyāṃ janās-
te mūḍhā mahimāvidastava na te mṛṣyāmi tāṃ vācyatām.
sasyotpattinidānamasyatha havirmūlaṃ surāṇāmapi
brūmaḥ kiṃ bahu kāsarendra jagatāmādhāratāṃ gāhase. 37

In counting fools, people list you as the first. Those fools do not know your greatness. I will not pardon this calumny. You are the source of crops; you are the source of offerings to gods. Why speak more: O Lord of Buffaloes, you are the very basis of the earth. 37

दुर्वाणीकसमुद्यदुद्भटभटश्रेणीकरव्यापृत-
द्राघीयःस्फुटधूमवर्तिविगलद्धूमान्धकारावृते।
तन्निष्ठीवनपूतिगन्धभरिते भूपालबाह्याङ्गणे
वासक्लेशहराय सैरिभपते मन्नाथ तुभ्यं नमः ।।38।।

durvāṇīkasamudyadudbhaṭabhaṭaśreṇīkaravyāpṛta-
drāghīyaḥsphuṭadhūmavartivigaladdhūmāndhakārāvṛte.
tanniṣṭhīvanapūtigandhabharite bhūpālabāhyāṅgaṇe
vāsakleśaharāya sairibhapate mannātha tubhyaṃ namaḥ. 38

Salutations to you, My Lord, Lord of Buffaloes. You spare us the pain of staying in the yard of kings, covered with the darkness of the smoke emitting from the long cigars in the hands of the foul-mouthed and conceited soldiers and stinking of their spittle. 38

केदारे महिषीमनोजगृहमाघ्रायोन्नमय्याननं
दन्तान्किंचिदभिप्रदर्श्य विकृतं कूजन्खुरैः क्ष्मां खनन्।
प्रत्यग्रायितसूरणाङ्कुरनिभं तत्किंचिदुज्जृम्भय-
न्नानन्दं महिषेन्द्र निर्विशसि यत्तद्द्रष्ट्नेत्रोत्सवः ।।39।।

kedāre mahiṣīmanojagṛhamāghrāyonnamayyānanaṃ
dantān kiṃcidabhipradarśya vikṛtaṃ kūjan khuraiḥ kṣmāṃ khanan.
pratyagrāyitasūraṇāṅkuranibhaṃ tatkiñcidujjṛmbhayann-
ānandaṃ mahiṣendra nirviśasi yattaddraṣṭṛnetrotsavaḥ. 39

After sniffing the she-buffalo's 'house of love,' you raise your head, grin a little and bellow in an unearthly way. Then, digging the ground with your hoofs and bringing forth something resembling the sprout of wild yam, the ecstasy that you enjoy in the paddy field is a feast to the eyes of the onlooker. 39

पर्णानां पयसां च नित्यमशनैः कालं क्षिपन्वर्तसे
निष्कम्पस्तपसि स्थितोऽसि[30] निभृतं त्वं पर्णशलान्तरे।
शेषे स्थण्डिल एव चानुदिवसं द्विस्त्रिर्निमज्जस्यपि
प्रार्थ्यं किं तव कासरेन्द्र यदृषेश्चर्यां समालम्बसे ॥40॥

parṇānāṃ payasāṃ ca nityamaśanaiḥ kālaṃ kṣipan vartase
niṣkampastapasi sthito'si nibhṛtaṃ tvaṃ parṇaśālāntare.
śeṣe sthaṇḍila eva cānudivasaṃ dvistrirnimajjasyapi
prārthyaṃ kiṃ tava kāsarendra yadṛṣeścaryāṃ samālambase. 40

You subsist just on leaves and water. You stay motionless in the thatched shed in the hot months. You sleep only on the floor. And you bathe twice or thrice a day. What are you praying for, observing this routine of a sage? [31] 40.

शीतं वारि सरोग एव हि पिबस्याकण्ठमत्यादरा-
त्संतापेऽप्यतनुप्रमोदभरितो न ग्राम्यधर्मोज्झितः।
यच्चित्रं सुखसंनिपातरहितः पुष्णासि पुष्टिं तनौ
तन्मे ब्रूहि किमौषधं महिष रे श्लाघ्यं त्वया भक्षितम् ॥41॥

śītaṃ vāri saroga eva hi pibasyākaṇṭhamatyādarāt-
santāpe'pyatanupramodabharito na grāmyadharmojjhitaḥ.
yaccitraṃ sukhasaṃnipātarahitaḥ puṣṇāsi puṣṭiṃ tanau
tanme brūhi kimauṣadhaṃ mahiṣa re ślāghyaṃ tvayā bhakṣitam. 41

Going to the tank, you drink cold water to your fill with great enthusiasm. You don't leave your agrestic acts which give you great pleasure even in the hot weather. Yet, surprisingly, you grow healthy without catching high fever – tell me, dear buffalo, what commendable medicine have you taken?[32] 41

स्वीयोत्सङ्गसमाधिरूढमधिकासक्तिं वहन्नात्मजं
बालं च प्रमदान्वितः सुखमहो निद्रासि निश्चिन्तधीः।
दुर्भूपास्यमपास्य नैककृतिना प्रारब्धलब्धेन च
प्रीतस्तिष्ठसि कासरेश्वर भवद्गार्हस्थ्यमेवाद्भुतम् ॥42॥

30 हि – ते.

31 Note the pun on *tapas*: penance ***and*** the hot months of Māgha and Phālguna.

32 The apparent paradox is resolved by *śleṣa* (pun): *saroga*, "going to the tank" **and** "sick"; *santāpa*, "heat" **and** "fever"; *atanupramoda*, "great pleasure" **and** "urge for sex"; *grāmyadharma*, "agriculture" **and** "copulation".

svīyotsaṅgasamādhirūḍhamadhikāsaktiṃ vahannātmajam
bālaṃ ca pramadānvitaḥ sukhamaho nidrāsi niścintadhīḥ.
durbhūpāsyamapāsya naikakṛtinā prārabdhalabdhena ca
prītastiṣṭhasi kāsareśvara bhavadgārhasthyamevādbhutaṃ. 42

You sleep happily without any worry, carrying your baby boy on your lap with great attachment and in inebriation. Shunning the face of the evil king, you stay gratified after doing the many preordained things. Lord of Buffaloes, your marriage is admirable, indeed! 42

नित्यं दुर्धरदुर्मुखादिसहितः शृङ्गाग्रकृष्टाचलः
प्रायस्त्वं महिषः स एव भुवने हन्तावतीर्णः पुनः।
किं तु प्राप्तयुगानुरूपचरितः सर्वोपकारी भवा-
न्भ्रातः कासरवर्य निर्जरगणाः कुर्वन्तु ते मङ्गलम् ॥43॥

nityaṃ durdharadurmukhādisahitaḥ śṛṅgāgrakṛṣṭācalaḥ
prāyastvaṃ mahiṣaḥ sa eva bhuvane hantāvatīrṇaḥ punaḥ.
kiṃ tu prāptayugānurūpacaritaḥ sarvopakārī bhavān
bhrātaḥ kāsaravarya nirjaragaṇāḥ kurvantu te maṅgalaṃ. 43

Always wearing a heavy and ugly face, you dig the mountain with the tip of your horn. You are mostly the same Mahiṣa, born on this earth once again. But, walking with the yoke on you, you are helpful to all. My brother, O Great Buffalo, may gods bless you. 43

In the register of Mahiṣāsura: Durdhara and Durmukha were the lieutenants of Mahiṣāsura. Mahiṣāsura had dug a mountain with his horns. *Yuga* means both yoke **and** the age (as in, era). Gods were unkindly disposed towards Mahiṣa in the previous age.

पीत्वा वारि सरोवरेषु विपिने स्वैरं[33] चरित्वा तृणा-
न्या कल्यादपि चापराह्णविगमात्कृष्ट्वा महीं सर्वतः।
ये रक्षन्त्यनपायमेव भुवनं संत्यज्य तान्सैरिभा-
न्धिग्धिग्दुर्धनिगर्दभान्मृगयते सेवार्थमज्ञो जनः ॥44॥

pītvā vāri sarovareṣu vipine svairaṃ caritvā tṛṇāny-
ā kalyādapi cāparāhṇavigamātkṛṣṭvā mahīṃ sarvataḥ.
ye rakṣantyanapāyameva bhuvanaṃ santyajya tān sairibhān
dhigdhig durdhanigardabhān mṛgayate sevārthamajño janaḥ. 44

33 त्वैरं – ना.

Ignorant people look for asses of rich men to serve, leaving the Buffalo who, drinking water from the ponds and grazing freely in the forests, cultivates the earth from dawn to dusk and protects the world from all calamities. What a pity! 44

उद्दामद्विरदद्वयद्वयसतामुच्चैर्बलं निस्तुलं
दुर्भेदाद्भुतफालभूमिदलनेष्वग्रेसरत्वं तथा।
तत्सर्वं महिषावतंस कृषिभिः संसारपोषार्थिनो
मन्ये हन्त पचेलिमामिह पुनर्मद्भागधेयोन्नतिम्[34] ।।45।।

uddāmadviradadvayadvayasatāmuccairbalaṃ nistulam
durbhedādbhutaphālabhūmidalaneṣvagresaratvaṃ tathā.
tatsarvaṃ mahiṣāvataṃsa kṛṣibhiḥ samsāraposārthino
manye hanta pacelimāmiha punarmadbhāgadheyonnatiṃ. 45

With the weight of a couple of elephants, and incomparably strong, you are a wonderful pioneer in breaking intractable earth. All your achievements are on account of agriculture, you Ornament of Buffaloes. Desirous of feeding my family, I take that my luck has borne fruit. 45

मूर्ता किं तमसां छटा किमथ वा नीलाचलो जङ्गमो
जीमूतः किमु संचरिष्णुरवनौ पादैश्चतुर्भिर्युतः।
इत्येवं किल तर्कयन्ति मसृणस्त्वं मांसलः श्यामलो[35]
येषां सैरिभमण्डलेश्वर दृशां पन्थानमारोहसि ।।46।।

mūrtā kiṃ tamasāṃ chaṭā kimatha vā nīlācalo jaṅgamo
jīmūtaḥ kimu sañcariṣṇuravanau pādaiścaturbhiryutaḥ.
ityevaṃ kila tarkayanti masṛṇastvaṃ māmsalaḥ śyāmalo
yeṣāṃ sairibhamaṇḍaleśvara dṛśāṃ panthānamārohasi. 46

Is it a lump of darkness embodied? Or the Blue Mountain moving? Or, a cloud walking on the earth with four legs? O Lord of Buffaloes, people go on debating thus when they see you, smooth, supple and dark, crossing the path of onlookers. 46

क्षान्तं क्षान्तमथापि निर्दयममी काष्ठैः करीषैरपि
घ्नन्त्यङ्गेषु जनास्तदेतदखिलं दुःखं क्षमामूलकम्।
इत्यालोच्य रुषेव सैरिभपते सीराञ्चलेन क्षमा-
मुन्मूल्य प्रसभं करोषि कणशस्तां नीरसस्योचिताम् ।।47।।

34 उन्नतिः – ते.
35 मसृण त्वङ् मांसल श्यामलः – जी.

kṣāntaṃ kṣāntamathāpi nirdayamamī kāṣṭhaiḥ karīṣairapi
ghnantyaṅgeṣu janāstadetadakhilaṃ duḥkhaṃ kṣamāmūlakaṃ.
ityālocya ruṣeva sairibhapate sīrāñcalena kṣamā-
munmūlya prasabhaṃ karoṣi kaṇaśastāṃ nīrasasyocitāṃ. 47

The more you show patience, the more they beat you mercilessly with sticks and dry dung. Thinking that all this misery is because of the earth,[36] O Lord of Buffaloes, you dig the earth violently with a ploughshare and powder it, making it fit for wet cultivation. 47

[37]ये ये भुव्यपमृत्युना बत मृताः पूर्णायुषो जन्तवः
शिष्टैनैव तदायुषाऽतिमहता त्रैलोक्यरक्षाक्षमाः।
आयुर्दीर्घमरोगतामविकलामङ्गेषु पुष्टिं वह-
न्नस्मान्रक्ष लुलायराज नवधान्यानीह निष्पादयन् ।।48।।

ye ye bhuvyapamṛtyunā bata mṛtāḥ pūrṇāyuṣo jantavaḥ
śiṣṭainaiva tadāyuṣātimahatā trailokyarakṣākṣamaḥ.
āyurdīrghamarogatāmavikalāmaṅgeṣu puṣṭiṃ vahann-
asmān rakṣa lulāyarāja navadhānyānīha niṣpādayan. 48

If those endowed with long life, alas, die a premature death on account of accidents or so, they become capable of protecting the three worlds with what would have remained of their lives. O king of Buffaloes, protect us by producing all nine grains, with your longevity, health and well-built body. 48

माहात्म्यं तव वर्णये कियदिति स्तुत्युक्तिवर्त्मातिगं
त्वत्कल्याणगुणानुरूपमधिकप्रीत्या ममात्यादरात्।
अर्थाः शब्दचयाः सदाऽहमहमित्यग्रे स्फुरन्त्यद्भुताः
स्वीकुर्यां कमिव त्यजामि कमिव श्रीमँल्लुलायप्रभो ।।49।।

māhātmyaṃ tava varṇaye kiyaditi stutyuktivartmātigaṃ
tvatkalyāṇaguṇānurūpamadhikaprītyā mamātyādarāt.
arthāḥ śabdacayāḥ sadāhamahamityagre sphurantyadbhutāḥ
svīkuryāṃ kamiva tyajāmi kamiva śrīmaṃllulāyaprabho. 49

I shall celebrate your greatness a little, with great pleasure and respect. It matches your auspicious qualities, which cannot be captured by words of

36 The commentator seems to have lost the pun on the words *kṣamā* (patience **and** the earth) and *nīrasasya* (*nī-rasasya,* "of one who is angry" **and** *nīra-sasya,* "watered plant"). As a result, he has to struggle by saying that all this is because the earth is the cause of the stick and dry dung, which is far-fetched. To my mind, the beauty of the verse lies in the pun on *kṣamā.*

37 Verses 48–49 are left out in जी.

praise. [As I set forth to do this,] words and their meanings rush to me, vying with one another. Which ones do I take, and which ones do I leave, O Lord of Buffaloes? 49

तिष्ठन्तु क्षितिपा धनान्धतमसप्राग्भारदूरीभव-
त्कृत्याकृत्यविवेकमत्तहृदया नैवाश्रये तानहम्।
एहि त्वं सरसीतटं तव पुनर्मूर्धाभिषेकं जलै-
रस्मत्संवसथावनाय करवै राजेव संरक्ष माम् ।।50।।

tiṣṭhantu kṣitipā dhanāndhatamasaprāgbhāradūrībhavat-
kṛtyākṛtyavivekamattahṛdayā naivāśraye tānahaṃ.
ehi tvaṃ sarasītaṭaṃ tava punarmūrdhābhiṣekaṃ jalair-
asmatsaṃvasathāvanāya karavai rājeva samrakṣa māṃ. 50

Kings, indiscreet and blinded by the darkness of riches, can wait. I do not depend on them. Please come near the pond: I shall anoint you with water so that our dwelling is safe. Do protect us like a king. 50

भूपो भूप इतीव किं न्वनुगता जातिर्घटत्वादिवद्-
भूमावस्ति य एव रक्षति जनान् राजा स एव स्वयम्।
किं भूमीपतयः शरारव इमे क्रूराः किराता इव
प्रायः सार्वजनीन कासरपते राजा त्वमेवासि नः ।।51।।

bhūpo bhūpa itīva kiṃ nvanugatā jātirghaṭātvādivad-
bhūmāvasti ya eva rakṣati janān rājā sa eva svayaṃ.
kiṃ bhūmīpatayaḥ śarārava ime krūrāḥ kirātā iva
prāyaḥ sārvajanīna kāsarapate rājā tvamevāsi naḥ. 51

There are kings and kings on earth, enjoying that office by virtue of their birth. He who protects people alone is really the king. Are there true kings? These ones are murderous and cruel like so many hunters. O Lord of Buffaloes, loved by the people as a rule, you are really our king. 51

सानन्दं महिषीशतं रमयसे मूर्धाभिषिक्तोऽन्वहं
त्वं वालव्यजनावधूतिमसकृत्प्राप्नोषि शृङ्गान्वितः।
किं च स्वां प्रकृतिं न मुञ्चसि तृणप्रायं जगत्पश्यसि
स्वस्ति श्रीमहिषेन्द्र तेऽस्तु नियतं राजा त्वमेवासि नः ।।52।।

sānandaṃ mahiṣīśataṃ ramayase mūrdhābhiṣikto'nvahaṃ
tvaṃ vālavyajanāvadhūtimasakṛt prāpnoṣi śṛṅgānvitaḥ.

kiṃ ca svāṃ prakṛtiṃ na muñcasi tṛṇaprāyaṃ jagat paśyasi
svasti śrīmahiṣendra te'stu niyataṃ rājā tvamevāsi naḥ. 52

You please hundreds of she-buffaloes; potful of water is poured on your head every day. You often wag your tail. Horns sprout on you when you come of age. Moreover, you do not give up your nature. You see the world as full of grass. Be it well for you, Lord of Buffaloes; you are our only king. 52

In the register of the king: You entertain hundreds of queens; you are anointed every day. They wave the fly-whisk on you and sound the horn. Moreover, you never leave your entourage. You take [prosperity of the] world as so much of grass.[38] Be it well for you, . . . (Lord of Buffaloes; you are our only king.)

धात्र्युत्सङ्गतले विमुञ्चसि मुहुर्विण्मूत्रमस्तत्रपं
धत्से नाप्यपलालमास्यमनिशं स्नेहेन संवर्ध्यसे।
शङ्खव्यापि पयः पिबस्यनुदिनं तस्माददन्तं मुखे
वत्स श्रीमहिषेन्द्र बालकमिव त्वां वीक्ष्य नन्दाम्यहम् ।।53।।

dhātryutsaṅgatale vimuñcasi muhurviṇmūtramastatrapaṃ
dhatse nāpyapalālamāsyamaniśaṃ snehena samvarddhyase.
śaṅkhavyāpi payaḥ pibasyanudinaṃ tasmādadantaṃ mukhe
vatsa śrīmahiṣendra bālakamiva tvāṃ vīkṣya nandāmyahaṃ. 53

You release dung and urine now and again on the ground without shame. You are never seen without hay in your mouth. You grow fat with oil. You drink water through the shell. You keep on chewing. Dear Lord of Buffaloes, I am delighted seeing you like a child. 53

In the register of child: You urinate and defecate on the lap of your nurse without any shame. Your mouth is never without saliva. Love nourishes you. You drink milk through a spout. Your mouth [is beautiful] without teeth.[39] Dear Lord . . .

ब्रूषे त्वं विविधस्वरान्बहुविधान्काण्डांश्च धत्से मुखे
प्राप्तश्चाध्ययनं पदक्रमविधिं किं चोच्चरन्गच्छसि।
अङ्गेषु श्रममादधासि बहुधा वृत्तिं करोष्यन्वहं
तत्सत्यं महिषाधिराज सततं वेदावधानीव नः ।।54।।

38 *mahiṣī*, duly anointed queen; *mūrdhābhiṣeka*, royal consecration with pouring of water on the head; *vālavyajana*, the fly-whisk; *sṛṅga*, the musical instrument of horn sounded as royal insignia; *prakṛti*, the royal entourage.

39 *dhātrī*, nurse; *apa-lālam*, without fondling; *sneha*, love (or oil applied on the body of children during bath); *payaḥ*, milk; *adantam*, without teeth. The commentator takes the meaning of *sneha* as love in the register of the buffalo and oil in that of the child. The present way of looking at it seems to be more appropriate.

brūṣe tvaṃ vividhasvarān bahuvidhān kāṇḍāṃśca dhatse mukhe
prāptaścādhyayanaṃ padakramavidhiṃ kiṃ coccaran gacchasi.
aṅgeṣu śramamādadhāsi bahudhā vṛttiṃ karoṣyanvahaṃ
tatsatyaṃ mahiṣādhirāja satataṃ vedāvadhānīva naḥ. 54

You make all sorts of noise. You hold different kinds of twigs and branches[40] in your mouth. Getting into the middle of the road, you walk with your typical gait, urinating on the way. You do many jobs and tire your limbs. For all these, O Overlord of Buffaloes, you are like a Vedic scholar. 54

In the register of the Vedic scholar: You recite in the different *svaras*; you know the different aspects of the Vedas such as the *karmakāṇḍa* by heart. You take to higher exercises like the *padaptāṭha*, *kramapāṭha*, etc. after attaining basic knowledge [of the *saṃhitā*]. You keep reciting even when travelling. You make efforts in the ancillaries of Vedas. And you repeat Vedic lessons over and over again.[41] For all these, O Overlord of Buffaloes, . . .

मुद्राधारणदग्धचर्मकतया दृश्यैः किणैरङ्कितो
मध्याह्नात्परमेव मज्जसि जले सानन्दतीर्थादरः।
शान्ताङ्गाररुचिं बिभर्षि च तनौ तिष्ठन्मते दण्डिनो
मध्वाचार्यमिवाधुनानुकुरुषे श्रीमँल्लुलायप्रभो ।।55।।

mudrādhāraṇadagdhacarmakatayā dṛśyaiḥ kiṇairaṅkito
madhyāhnātparameva majjasi jale sānandatīrthādaraḥ.
śāntāṅgārarucim bibharṣi ca tanau tiṣṭhanmate daṇḍino
madhvācāryamivādhunānukuruṣe śrīmaṃllulāyaprabho. 55

You are seen with the scar of branding on your skin. You immerse yourself in water with great joy, only in the afternoon. Your body is of the colour of charcoal. Staying with the wielder of the stick, O Lord of Buffaloes, you seem to imitate Madhvācārya. 55

In the register of Madhvācārya: With the scar of branding with the sign [of Viṣṇu such as the conch-shell and the wheel] visible on your skin, you bathe in water only in the afternoon [as you are too busy before that with other activities such as Vedic studies]. You hold Ānandatīrtha [another name of Madhva] in respect. You wear cool, black ashes. You follow the ascetic in religious practices [such as fasting on *Ekādaśi* days]. O Lord, . . .

40 The commentator takes *kāṇḍa* to mean water. While this is not wrong, branches and twigs will suit the buffalo better.

41 *svara*, Vedic *svaras* such as *udātta*, *anudātta* and *svarita*; *kāṇḍa*, the different aspects or departments of Vedic studies and rituals such as the *karmakāṇḍa*; *adhyayanaṃ*, study; *pada-krama-vidhi*, different modes of reciting the Vedas as a mnemonic device; *uccaran*, reciting; *aṅga*, the six *vedāṅgas* such as *śikṣā*, *kalpa*, *vyākaraṇa*, *jyautiṣa*, *nirukta* and *chandas*; *bahudhā āvṛtti*, manifold repetitions (in order to commit things into memory).

त्वं वाचंयमतां दधासि सहसे शीतातपौ निश्चलः
किं चिन्नैव च याचसे भुवि यथाजातात्मना तिष्ठसि।
प्राणाकर्षकृता यमेन नियमेनारूढ एवासि च
प्रायः कासरसार्वभौम नितरां योगीव संदृश्यसे ।।56।।

***tvaṃ vācaṃyamatāṃ dadhāsi sahase śītātapau niścalaḥ
kiñcinnaiva ca yācase bhuvi yathājātātmanā tiṣṭhasi.
prāṇākarṣakṛtā yamena niyamenārūḍha evāsi ca
prāyaḥ kāsarasārvabhauma nitarāṃ yogīva sandṛśyase. 56***

You don't speak. Motionless, you suffer both heat and cold. You don't demand anything. You stay the way you were born [i.e. naked]. You are mounted regularly by Yama, the one who takes away vital breath. Thus, O Emperor of Buffaloes, you look like a *yogin* by all means. 56

In the register of a *yogin*:[42] You control your speech and you don't move whether it is hot or cold; you don't beg anything; you remain naked [like an *avadhūta*]. You practice breath control and follow yogic practices such as *yama, niyama*, etc. Thus, O Emperor of Buffaloes, . . .

धत्से शृङ्गयुगं प्रतप्तमभितो गात्रे च चक्राङ्कनं
श्रीरामानुजमण्डलस्य सदृशं चिह्नं च धत्से मुखे।
पङ्क्तीभूय निजप्रबन्धसमये क्रन्दस्यमन्दारवं
नूनं श्रीमहिषाधिराज भवसि श्रीवैष्णवाग्रेसरः ।।57।।

***dhatse śṛṅgayugaṃ prataptamabhito gātre ca cakrāṅkanaṃ
śrīrāmānujamaṇḍalasya sadṛśaṃ cihnaṃ ca dhatse mukhe.
paṅktībhūya nijaprabandhasamaye krandasyamandāravaṃ
nūnaṃ śrīmahiṣādhirāja bhavasi śrīvaiṣṇavāgresaraḥ. 57***

You carry a pair of horns. There is a scar on your body branded with the sign of a wheel and you wear a birth-mark like the moon[43] on your face. You bellow very loudly when they tie you in the pen. Indeed, O Overlord of Buffaloes, you are verily a Śrīvaiṣṇava, *par excellence*. 57

42 *vācaṃyamatā*, a *yogin* is supposed to remain silent; he should not move whether it is hot or cold (See *Bhagavad Gītā*, 12, 18–19: *samaḥ śatrau ca mitre ca tathā mānāpamānayoḥ| śītoṣṇasukhaduḥkheṣu samaḥ saṃgavivarjitaḥ|| tulyanindāstutirmaunīs antuṣṭo yenakenacit . . .*); *yathājātātman*, *avadhūta*s are expected to go naked; *prāṇākarṣakṛt*, one who controls breath through *prāṇāyama* and other techniques; *yamena niyamena ārūḍha*, one who follows the yogic practices of *yama, niyama, āsana, prāṇayama, pratyāhāra, dhāraṇā, dhyāna* and *samādhi*.

43 Some buffaloes have a white birthmark resembling the moon on their forehead. Moon is supposed to have emerged, following Śrī (or Lakṣmī), from the Milky Ocean when the gods and demons churned it to get the nectar of longevity. Hence the moon is *Śrīrāmānuja*, i.e., the one "born after the woman called Śrī."

In the register of Śrīvaiṣṇava: You wear horn-like caste-marks. On your body is the scar of branding with the wheel mark. You also wear on your face the mark of those in the circle of Rāmānuja. As you sing the [*Nālāyira Divya*] *Prabandham* staying in line [with others], you yell loudly. Indeed, O Overlord of Buffaloes, . . .

शृङ्गाग्रेण मुहुर्मुहुर्निजतनुं कण्डूयसे मौनवान्
प्राग्वंशोपहितां प्रविश्य विपुलां शालां महिष्या समम्।
अन्तस्तिष्ठसि धूलिधूसरतनुः कृष्णाजिनाच्छादित-
स्तन्मे भासि लुलाय दीक्षित इव त्वं वाजिमेधक्रतौ ।।58।।

śṛṅgāgreṇa muhurmuhurnijatanuṃ kaṇḍūyase maunavān
prāgvaṃśopahitāṃ praviśya vipulāṃ śālāṃ mahiṣyā samam.
antastiṣṭhasi dhūlidhūsaratanuḥ kṛṣṇājinācchāditas-
tanme bhāsi lulāya dīkṣita iva tvaṃ vājimedhakratau. 58

Staying silent, you scratch your body now and again with the tip of your horn. You stay with the she-buffalo in the [cattle] shed where the bamboo for the roof is directed to the east [supposed to be auspicious as per architectural canons]. Your body, covered by black skin, is all dust. For these reasons, O Buffalo, you are like one who is initiated to perform a horse sacrifice.[44] 58

In the register of the *dīkṣita*: *śṛṅgāgreṇa. . . maunavān* – once initiated, the *dīkṣita* is required to remain silent with his fists closed. He can scratch his body only with the horn of a black antelope; *prāgvaṃśa*, the eastern part of the sacrificial hall; *mahiṣī*, the wife of the sacrificer; *dhūlidhūsaratanuḥ*, he is not supposed to bathe till the end of the sacrifice; *kṛṣṇājinācchādita*, the sacrificer is required to wear the skin of the black antelope.

ग्राह्योऽसि श्रवणादिभिः परिचयात्तत्त्वावमर्शे कृते
सत्यज्ञानमयोऽसि किं च बृहदारण्यान्तरे दृश्यसे।
प्रत्यक्षीक्रियसे च योगिभिरखण्डाकारवृत्त्या स्वयं
तस्मात्पुच्छमयं लुलाय परमं ब्रह्म त्वमेवासि नः ।।59।।

grāhyo'si śravaṇādibhiḥ paricayāttattvāvamarśe kṛte
satyajñānamayo'si kiṃ ca bṛhadāraṇyāntare dṛśyase.
pratyakṣīkriyase ca yogibhirakhaṇḍākāravṛttyā svayaṃ
tasmāt pucchamayaṃ lulāya paramaṃ brahma tvamevāsi naḥ. 59

You can be caught by the ear. (The peasant, familiar with the buffalo, holds the buffalo by the ear to tie it to the yoke). Critically evaluated, you are full of

44 Note: *aśvamedha* or horse sacrifice involves the killing of horse; the buffalo is, according to poetic conventions in Sanskrit, an enemy of horses.

ignorance. You are seen inside big forests. You present yourself to the wielder of the yoke as a huge body. Hence, O Buffalo, for us you are Brahman with a tail. 59

In the register of *Brahman*: You can be realized through steps such as *śravaṇa*, *manana*, *nididhyāsa*, etc. Critically reviewed, you are the embodiment of Truth and Knowledge. You can, moreover, be seen in *Bṛhadāraṇyaka* [*Upaniṣad*]. You present yourself in non-dual form to *yogin*s. You are the very basis [of everything] Hence, O Buffalo, for us you are Brahman.[45]

गोत्रोद्भेदनकौशलं प्रथयसे हल्यागलालिङ्गनं
प्रत्यूषे कुरुषे सकुक्कुटरवे बह्वप्सरःस्वादृतः।
स्वस्थाने मुदितः स्वरूपगतया युक्तः श्रिया मद्गृहे
गोष्ठे तिष्ठ लुलायराज महतीं देवेन्द्रलक्ष्मीं वहन् ॥60॥

gotrodbhedanakauśalaṃ prathayase halyāgalāliṅganaṃ
pratyūṣe kuruṣe sakukkuṭarave bahvapsaraḥsvādṛtaḥ.
svasthāne muditaḥ svarūpagatayā yuktaḥ śriyā madgṛhe
goṣṭhe tiṣṭha lulāyarāja mahatīṃ devendralakṣmīṃ vahan. 60

You show expertise in breaking the earth; your neck embraces the plough every morning as the cock crows. You enjoy being in the water in different pools. You are happy in your own place. O King of Buffaloes, stay in the cattle shed of my house carrying the riches of Indra's prosperity. 60

In the register of Indra: You are an expert in uprooting mountains; you kiss Ahalyā by her neck early in the morning [after deceiving Gautama] as a cock crowing; you are happy, with thunderbolt [your weapon] and in the company of many *apsarā*s [heavenly damsels].[46] O, King of Buffaloes, . . .

नित्यं धीरमनांसि कर्षसि सदा रत्यां समुत्साहवा-
न्मुग्धानामुपमाऽसि मासि तपसि ज्याकर्षणेनोज्झितः।
सामर्थ्यं विषमेषु कर्मसु भजन्नग्रे वसन्तं स्पृश-
न्सत्यं श्रीमहिषेन्द्र मन्मथ इव प्रत्यक्षमालक्ष्यसे ॥61॥

45 *śravaṇādibhiḥ grāhyaḥ*, *Brahman* can be realized by means such as of *śravaṇa* (hearing, which includes all sensory perception), *manana* (excogitation), *nididhyāsana* (deep meditation), etc.; *tattvāmarśa*, critical review of principles; *satyajñānamaya*, embodiment of Truth and Knowledge; *Bṛhadāraṇya*, the *Upaniṣad* of that name, where there is detailed discussion of *Brahman; yogibhiḥ akahṇḍākāravṛttyā pratyakṣīkriyase*, you present yourself in a non-dual form to those who practise *yoga*; *pucchamaya*, in the form of the Ultimate. (There is a whole branch of thought called *pucchabrahmavāda* which looks upon *brahman* as the basis of everything.)

46 *gotra*, mountain; *gotrodbhedanakauśalaṃ*, the allusion is to the episode of Indra clipping the wings of mountains (which had wings earlier); *pratyūṣe sakukkuṭarave'halyāgalāliṅganaṃ*, kissing the neck of Ahalyā after deceiving Gautama disguised as a cock early in the morning; *bahvapsarasvādṛta*, respected by many *apsarā*s; *svasthāna*, *svaḥsthāna*, heaven, the abode of Indra; *svarūpagati*, with *svarū*, i.e. the thunderbolt, which is Indra's weapon.

nityaṃ dhīramanāṃsi karṣasi sadā ratyāṃ samutsāhavān
mugdhānāmupamāsi māsi tapasi jyākarṣaṇenojjhitaḥ.
sāmarthyaṃ viṣameṣu karmasu bhajannagre vasantaṃ spṛśan
satyaṃ śrīmahiṣendra manmatha iva pratyakṣamālakṣyase. 61

Every day you pull carts with courage. You are always energetic in sex. You are the model for the stupid. You don't work in land in the hot months [of *Māgha* and *Phālguna*]. You show adeptness in difficult pieces of work [such as drawing the cart, ploughing the field, etc.] You touch the one in front of you. True, O Lord of Buffaloes, you present yourself as Manmatha himself. 61

In the register of Manmatha (God of Love): You always churn the minds of even the brave; you are very fond of Ratī (your wife); you are a model for the handsome; you do not give up stringing the bow even in penance; you have expertise in difficult archery (or using five arrows, which is an odd number); you keep Vasanta in front of you. [Vasanta or Spring is regarded as a companion of Kāmadeva.] True, O Lord of Buffaloes . . .

मूर्तिं हन्त बिभर्षि नीलमसृणां नित्याभिषिक्तां नरै-
ग्राह्यः पञ्चषचक्रतः कलयसि त्वं बन्धमोक्षावपि।
सुक्षेत्रश्रियमादधासि महताज्ञानेन पूज्योऽसि तत्-
सालग्राम इवावभासि नियतं श्रीकासराधीश्वर ।।62।।

mūrtiṃ hanta bibharṣi nīlamasṛṇāṃ nityābhiṣiktāṃ narair-
grāhyaḥ pañcaṣacakrataḥ kalayasi tvaṃ bandhamokṣāvapi.
sukṣetrāśriyamādadhāsi mahatājñānena pūjyo'si tat-
sālagrāma ivāvabhāsi niyataṃ śrīkāsarādhīśvara. 62

Your body, washed by men everyday, is black and smooth. You can be bought with five or six coins. You are tied and released. You invest good fields with prosperity. You can be treated even by the most ignorant people. Therefore, O Overlord of Buffaloes, you appear like a *sālagrāma*. 62

In the register of *sālagrāma*: Your body is black and smooth, and is ritually washed every day. You can be understood by men as having five or six *cakra*s. You cause attachment and deliverance. You invest good temples with prosperity. You are worthy of worship with a sound knowledge [about you].[47] Therefore, O Overlord of Buffaloes . . .

47 *nīlamasṛṇāṃ*, among the qualities of *sālagrāma* are its blackness and smoothness; *nityābhiṣiktāṃ*, the *sālagrāma* should be ritually washed every day; *pañcaṣacakrataḥ grāhyaḥ*, the more the number of *cakra*s or circles on the *sālagrāma*, the greater the divine presence in it; *bandhamokṣau*, the cycle of attachment and deliverance from that; *sukṣetraśrī*, the *sālagrāma* invests temples with prosperity; *mahatā jñānena*, the *sālagrāma* should be worshipped with a thorough knowledge about it.

गम्भीरस्तिमितो न कम्पमयसे गर्ह्योऽस्यपानेन च
प्रायः किं च सदाशनक्रमकरो नित्यं न दीनोऽसि च।
संपूर्णः पृथुरोमभिश्च भजसे वृद्धिं क्षयं चाश्नुषे
तत्त्वं कासरमण्डलेश्वर जलप्रायः समुद्रोऽसि नः ।।63।।

gambhīrastimito na kampamayase garhyo'syapānena ca
prāyaḥ kiṃ ca sadāśanakramakaro nityaṃ nadīno'si ca.
sampūrṇaḥ pṛthuromabhiśca bhajase vṛddhiṃ kṣayaṃ cāśnuṣe
tattvaṃ kāsaramaṇḍaleśvara jalaprāyaḥ samudro'si naḥ. 63

Profound and calm, you don't move. You are contemptible for your farts. You keep on chewing [the cud]. You are never miserable. You are covered with thick hairs. You grow fat and go home. Hence, O Chief of Buffaloes, you are generally stupid and are with your own mark – verily the ocean for us. 63

In the register of ocean: You are deep and have a lot of fish. You don't move and you are contemptible because your water is not potable. Further, there are fishermen, crocodiles and sea monsters in you. You are the husband of rivers. You are full of [a variety of fish called] *pṛthuroma*. You have high and low [tides].[48] Hence, O Chief of Buffaloes, you are the ocean full of water for us.

अर्कं भक्षयितुं प्रधावसि नवं कृत्यं जनानन्दनो
निःशङ्कं कुरुषे समुद्रतरणं प्रत्यक्षमाधावसि।
वीर्याधिक्यवशादुपर्युपरि चोत्साहं च कामं भज-
न्मन्ये श्रीमहिषाधिराज भुवनेष्वन्यो हनूमान्भवान् ।।64।।

arkaṃ bhakṣayituṃ pradhāvasi navaṃ kṛtyaṃ janānandano
niḥśaṅkaṃ kuruṣe samudrataraṇaṃ pratyakṣamādhāvasi.
vīryādhikyavaśāduparyupari cotsāhaṃ ca kāmaṃ bhajan
manye śrīmahiṣādhirāja bhuvaneṣvanyo hanūmān bhavān. 64

You run to eat the tender *arka* (a plant with big, thick leaves– *Calotropis gigantea*). Your acts please people. You engage in the intense battle of sex without inhibitions. You run in front of [our] eyes.[49] Your excessive virility makes you lustful and desirous [of sex] repeatedly. I believe, O Overlord of Buffaloes, you are another Hanūmān on the earth. 64

48 *gambhīraḥ*, deep; *timitaḥ*, from the fish; *apānaḥ*, not potable; *sadāśanakramakaraḥ*, with *dāśa* (fisherman), *nakra* (crocodile) and *makara* (a sea monster); *nadīnaḥ*, lord of rivers – according to poetic conventions in Sanskrit, the sea is the husband of rivers; *pṛthuromabhiḥ sampūrṇaḥ*, full of a variety of fish called *pṛthuroma*; *vṛddhim kṣayaṃ ca*, the tides; *jalaprāya*, full of water.

49 I cannot agree with the commentator in glossing *pratyakṣaṃ* as *akṣaṃ prati*, meaning charging at the axle [of a cart] in order to break it. It sounds too forced and far-fetched. *pratykṣaṃ*, "in front of the eyes", is simpler and more straightforward.

In the register of Hanūmān: You run to eat the rising sun; you are blessed and cause joy to Añjanā (your mother); you cross the ocean without hesitation; you run against Akṣa (the son of Rāvaṇa); you have a lot of enthusiasm for war on account of your excessive strength.[50] I believe, O Overlord of Buffaloes, . . .

लोकख्यातसहस्रदोषमखिलद्वीपेषु संचारिणं
क्रीडन्तं किल नर्मदाम्बुनि मुदा कीर्त्या समालिङ्गितम्।
सम्यग्भूषितमादरात्सदसि संमर्देष्वपास्तत्रसं
प्रायः सैरिभ मन्वते भुवि जनास्त्वां कार्तवीर्यार्जुनम् ॥65॥

lokakhyātasahasradoṣamakhiladvīpeṣu sañcāriṇam
krīḍantaṃ kila narmadāmbuni mudā kīrtyā samāliṅgitaṃ.
samyagbhūṣitamādarāt sadasi saṃmardeṣvapāstatrasaṃ
prāyaḥ sairibha manvate bhuvi janāstvāṃ kārtavīryārjunaṃ. 65

With a thousand defects known to the whole world, you tread over all the islets [of the marshy fields]. You play in the pleasurable water in joy. You are covered with mud. You live on the earth with great interest. You are fearless even under pressure. O Buffalo, people know you on this earth as Kārtavīryārjuna. 65

In the register of Kārtavīryārjuna: Reputed the world over, you, the thousand-armed, travel all over the world; you play in the waters of [river] Narmadā. You are embraced by fame. You stay firm on the ground without fear even under pressure of the sword. O Buffalo, . . .

उल्लेखान्विविधान्करोषि च पदन्यासस्तवान्यादृशः
पद्यालोकनदत्तदृष्टिरसि च प्रायः प्रबन्धे स्थितः।
कोशाधारतया स्थितश्चरसि कप्रायस्थले सादर-
स्तेन श्रीमहिषाधिराज सुकविं त्वामेव मन्यामहे ॥66॥

ullekhān vividhān karoṣi ca padanyāsastavānyādṛśaḥ
padyālokanadattadṛṣṭirasi ca prāyaḥ prabandhe sthitaḥ.
kośādhāratayā sthitaścarasi kaprāyasthale sādaras-
tena śrīmahiṣādhirāja sukaviṃ tvāmeva manyāmahe. 66

You make different kinds of furrows. Your gait is unique. Your eyes are fixed on your path. Generally you stay tied. You stay as the basis of wealth. You move about in watery places. Hence, O Overlord of Buffaloes, I consider you as a good poet. 66

50 *arkaṃ bhakṣayituṃ pradhāvasi*, an allusion to the story that Hanūmān jumped to eat the sun mistaking it for a fruit; *kṛtyañjananānandanaṃ*, *kṛti* (blessed) + *añjanānandana* (son of Añjanā); *samudra+ taraṇam,* crossing the sea; *pratyakṣaṃ*, against Akṣakumāra, the son of Rāvaṇa; *vīrya*, strength.

In the register of poet: You use *ullekha*s of different varieties. Your diction is incomparable. Your eyes look at verses intently. You stay generally in [poetic] compositions. You stay with lexical support. You are honoured by connoisseurs.[51] Hence, O Overlord of Buffaloes, . . .

वर्णैर्नैकविधैर्युतोऽसि च रसाधारोऽसि बन्धोज्ज्वलो
वृत्तात्मा ध्वनिगर्भितश्च बहुभिः पादैरुपेतोऽसि च।
तत्सत्यं महिषेन्द्र सत्कविकृतश्लाघ्यप्रबन्धायसे
त्वामालोक्य पुनः पुनर्नवरसालंकारमीहामहे ।।67।।

varṇairnaikavidhairyuto'si ca rasādhāro'si bandhojjvalo
vṛttātmā dhvanigarbhitaśca bahubhiḥ pādairupeto'si ca.
tatsatyaṃ mahiṣendra satkavikṛtaślāghyaprabandhāyase
tvāmālokya punaḥ punarnavarasālaṅkāramīhāmahe. 67

You are of more than one colour. You are the basis of the earth. You shine when tied [i.e., you would dirty your body when freed]. You are rotund. You are capable of making loud noise. You have many legs. For all these, O Lord of Buffaloes, you resemble the admirable composition of a good poet. Looking at you, I wish to decorate the earth afresh more and more. 67

In the register of a poem: You comprise many words/syllables; you base yourself on [good] *rasa* ("taste", [nine in number according to Sanskrit rhetoricians]). You are splendid with *bandha*s [a poetic trope in Sanskrit]; you are metrical. You contain *dhvani* ("suggestions") in you and you have many lines.[52] Looking at you, O Lord of Buffaloes, I endeavour to use figures of speech suitable to all nine *rasa*s.

प्रीतिं यासि मृदङ्गतः कलयसे तालप्रमाणं तनौ
चातुर्यं बहुलास्यकर्मसु नृणां संदर्श्यन्व्यञ्जकम्।
कुर्वन्स्वीयपरिश्रमाद्बहुविधादर्थैः सभारं जनं
सत्यं सैरिभमण्डलेन्द्र भरताचार्यत्वमालम्बसे ।।68।।

prītiṃ yāsi mṛdaṅgataḥ kalayase tālapramāṇaṃ tanau
cāturyaṃ bahulāsyakarmasu nṛṇāṃ sandarśayan vyañjakaṃ.
kurvan svīyapariśramād bahuvidhādarthaiḥ sabhāraṃ janaṃ
satyaṃ sairibhamaṇḍalendra bharatācāryatvamālambase. 68

51 *ullekha*, a figure of speech; *padanyāsa*, diction; *padyālokana*, looking at verses; *prabandha*, composition; *kośādhāratā*, lexical base; *rasikaprāyasthale sādara*, honoured in the company of connoisseurs.

52 *na ekavidhaiḥ varṇaiḥ yutaḥ*, consisting of syllables/words of different kinds; *rasādhāra*; based on *rasa*; *bandhojjvala*, splendid with *bandha*s like *uragabandha*, etc.; *vṛttātma*, metrical; *dhvanigarbhita*, pregnant with *dhvani* (suggestion); *bahubhiḥ pādairupeta*, with many lines; *navarasālaṅkāra*, figures of speech to suit the nine *rasa*s.

You are happy with mud on your body. Your body is of the size of a palm tree. You do various things with your face in a clever manner and exhibit what indicates your gender. You place a burden [of obligation] on people with the wealth you produce by hard labour. Honestly, O Lord of Buffaloes, you resemble Bharatācārya. 68

In the register of Bharata: You derive pleasure from *mṛdaṅga*; you measure rhythm [properly] with your body; you show expertise in many acts of dance, demonstrating what is to be indicated. You entertain the audience with many meanings by virtue of your hard work.[53] Honestly, O Lord of Buffaloes, . . .

त्वं श्रुत्युद्धरणं करोषि भृशमुन्मज्जन्निमज्जन्मुहुः
पारावारपयोऽन्तरालविहृतिप्राप्तप्रमोदोत्सवः।
संप्राप्नोषि ततो विधिं बहुमुखं प्रीत्यागमेष्वादरा-
त्तन्नूनं महिषक्षितीश्वर भवान्मत्स्यावतारो हरिः ॥69॥

tvaṃ śrutyuddharaṇaṃ karoṣi bhṛśamunmajjan nimajjanmuhuḥ
pārāvārapayo'ntarālavihṛtiprāptapramodotsavaḥ.
samprāpnoṣi tato vidhiṃ bahumukhaṃ prītyāgameṣvādarāt-
tannūnaṃ mahiṣakṣitīśvara bhavān matsyāvatāro hariḥ. 69

Immersing yourself in water and re-emerging from it now and again, you raise your ears [to avoid water entering them]. You revel in water-sports in the ocean-like water. Happy, you come back and take to manifold assignments. Indeed, O King of Buffaloes, you are Hari incarnate as the fish. 69

In the register of Matsyāvatāra: Immersing yourself in water and re-emerging from it now and again, you retrieve the Vedas from deep inside the ocean. You go to the many-faced Brahmā after that, respecting the Vedas.[54] Indeed, O King of Buffaloes, . . .

वज्रादप्यतिनिष्ठुरं तव पुनः पृष्ठं धराधिष्ठितं
निःश्वासास्तु पयोनिधेरपि पयःप्रक्षोभदक्षा इमे।
स्वीयत्वेन च कच्छपालिषु सदा प्रीतिं दधास्याशये
तेन त्वं महिषेन्द्र नूनमधुना कूर्मावतारो हरिः ॥70॥

vajrādapyatiniṣṭhuraṃ tava punaḥ pṛṣṭhaṃ dharādhiṣṭhitaṃ
niḥśvāsāstu payonidherapi payaḥ prakṣobhadakṣā ime.

53 *mṛdaṅga*, a percussion instrument; *tālapramāṇaṃ*, rhythm; *bahu lāsyakarman*, many acts of dance, *vyañjakaṃ*, that which is to be suggested, as opposed to that which is shown explicitly, the highest in *abhinaya* or acting; *arthaiḥ*, by the [many] meanings; *sabhāraṃjanaṃ*, entertaining the audience. The commentator has missed the pun on *sabhāraṃjanaṃ* which can also be read also as *sabhā-raṃjanaṃ*.

54 *śruti*, ear **and** the Vedas.

svīyatvena ca kacchapāliṣu sadā prītiṃ dadhāsyāśaye
tena tvaṃ mahiṣendra nūnamadhunā kūrmāvatāro hariḥ. 70

Your back, harder than diamond, is strong and with hard hide.[55] Your breaths can excite the waters even of the ocean. You take delight, by your nature, in the ponds on the borders of marshes. Hence, O Lord of Buffaloes, you are now indeed Hari incarnate as Tortoise. 70

In the register of Kūrmāvatāra: The earth sits firmly on your back, stronger and harder than diamond. Your breaths can excite the waters even of the ocean. You offer delight to a creep of tortoises with a sense of belonging. Hence, O Lord of Buffaloes, . . .

उत्साहेन पुरा वराहवपुषा शृङ्गेण गामुद्धर-
स्युद्दामात्मगुणः सितस्ववदनं व्यावृत्य चालोकसे।
सौकर्यं भुवनानि पातुमयसे वक्त्रे महाविस्तृते
तत्त्वां श्वेतवराहमूर्तिमधुना जाने महासैरिभ ।।71।।

utsāhena purā varāhavapuṣā śṛṅgeṇa gāmuddhara-
syuddāmātmaguṇaḥ sitasvavadanaṃ vyāvṛtya cālokase.
saukaryaṃ bhuvanāni pātumayase vaktre mahāvistṛte
tattvāṃ śvetavarāhamūrtimadhunā jāne mahāsairibha. 71

In the excitement of fierce battle, you lift a bovine with your horn at the outset. When released from the rope, you stare with your white mouth wide open. It is easy for you to drink water with your wide mouth. Hence, I know you, O Great Buffalo, as the White Boar. 71

In the register of Varāhamūrti: Long ago, you uplifted the Earth with your horn. You, with your great qualities, stare with your mouth wide open. You protect all worlds with your nature of the boar.[56] Hence, I know you, . . .

क्षेत्रज्ञस्य हिरण्यवर्धनकृतः प्रह्लादमापुष्णतः
प्राप्तस्योपनिषद्वरं पृथुतरस्तम्भाद्बहिर्निर्यतः।
लोकानां स्थितये श्रितस्य च निजां केदारलक्ष्मीं परां
को भेदस्तव कासरेश्वर विभो श्रीमन्नृसिंहस्य च ।।72।।

55 The commentator takes *dharā* as "earth." While it is not wrong, the meaning of "hide" (*māyuḥ pittaṃ kaphaḥ śleṣmā striyāṃ tu tvagasṛgdharā*, (*Amarakośa*, 2.5.653) is more appropriate in this context.

56 *varāhavapuṣā*, vara+āhava-puṣā, "excited by fierce battle" **and** varāha+vapuṣā, "with the body of a boar"; *śṛṅgeṇa gāmuddharan*, lifting the Earth with your horn (the purpose of the incarnation); *uddāmātmaguṇa* (your) own unfettered qualities; *saukaryaṃ*, ease **and** the state of being a *sūk ara,* boar; *bhuvanāni pātuṃ*, to drink water **and** to save the earth.

kṣetrajñasya hiraṇyavardhanakṛtaḥ prahlādamāpuṣṇataḥ
prāptasyopaniṣadvaraṃ pṛthutarastambhād bahirniryataḥ.
lokānāṃ sthitaye śritasya ca nijāṃ kedāralakṣmīṃ parām
ko bhedastava kāsareśvara vibho śrīmannṛsimhasya ca. 72

You are knowledgeable about the field; you cause wealth to grow. You increase happiness [of people]. Released from the huge pole [to which you are tied], you run towards the muddy field. The world depends on the prosperity of your field. O Lord of Buffaloes, what difference is there between you and Narasiṃha? 72

In the register of Narasiṃha: You are the controller of the interior; you accomplished the disembowelment of Hiraṇya[kaśipu]; you patronized Prahlāda (Hirṇyakaśipu's son). You are the subject of the *Upaniṣad* [known as *Nṛsiṃhatāpanīya*]. You emerged from the huge pillar. The world depends on you for its sustenance. You hold Lakṣmī, your consort, on your lap.[57] O Lord of Buffaloes, . . .

कौ पीनाङ्गतया स्थितोऽसि चरसि त्वं दण्डहस्तान्वितः
सोत्साहं बलिना समं कलयसि स्पर्धां प्रतिस्पर्धिना।
पादं न्यस्य रसातले स्ववपुषा त्वं पुष्करं गाहसे
तेन त्वां महिष त्रिविक्रमकृतं नारायणं मन्महे ।।73।।

kau pīnāṅgatayā sthito'si carasi tvaṃ daṇḍahastānvitaḥ
sotsāhaṃ balinā samaṃ kalayasi spardhāṃ pratispardhinā.
pādaṃ nyasya rasātale svavapuṣā tvaṃ puṣkaraṃ gāhase
tena tvāṃ mahiṣa trivikramakṛtaṃ nārāyaṇaṃ manmahe. 73

You stay on the earth with your huge body. You go about with the wielder of the stick. You take delight in rivalry with the powerful combatant. Putting your feet firmly on the earth, you immerse yourself in the pond. Hence I consider you, O Buffalo, as Narāyaṇa in the form of Trivikrama. 73

In the register of Vāmana/Trivikrama: You stay with just a loincloth, stick in hand; you show enmity with Bali, your opponent. Keeping one foot in the Netherworld, you go to the skies.[58] Hence I consider you, . . .

57 *kṣetrajña*, *antaryāmin*, "controller of interior"; *hiraṇyavardhanakṛt*, one who accomplished the disembowelment of Hiraṇya, the demon; *prahlādaṃ āpuṣṇataḥ*, the patron of Prahlāda, Hiraṇyakaśipu's son; *upaniṣadvaraṃ* – Narasiṃha is the subject of the *Nṛsiṃhatāpanīya Upaniṣad*; *pṛthutarastambhād bahirniryata*, emerged from the huge pillar; *nijāṅke dāralakṣmīṃ śrita*, Lakṣmī sits on the lap of Narasiṃha [the idea of Lakṣmīnarasiṃha].

58 *kaupīnāṅgatā* – wearing just a loincloth; *daṇḍahastānvita*, "stick in hand" (*brahmacārin*s are expected to carry a stick of the *palāśa* tree (*Butea frondosa*) when going out); *balinā samaṃ*, with Mahābali, the demon king; *rasātale pādaṃ nyasya*, keeping your foot in the netherworld. Vāmana begged for three feet of earth from Mahābali, which he was allowed to measure and take. He grew into gigantic proportions. As Trivikrama he measured heaven, earth and the netherworld in two steps, and asked Bali where he should place his third step. *puṣkara*, sky.

निर्धूनोषि लसत्तनुं गुरुमुदे स्वीयां महारेणुकां
रूढं रूढमशेषमर्जुनकुलं चामूलमुन्मूलयन्।
कीलालैर्भरितेषु विस्तृतसरःस्वामज्य संतुष्टधी-
र्धत्से भार्गवरामसाम्यमधुना [59]श्रीमन्महासैरिभ ॥74॥

nirdhūnoṣi lasattanuṃ gurumude svīyāṃ mahāreṇukāṃ
rūḍhaṃ rūḍhamaśeṣamarjunakulaṃ cāmūlamunmūlayan.
kīlālairbhariteṣu vistṛtasaraḥsvāmajjya santuṣṭadhīr-
dhatse bhārgavarāmasāmyamadhunā śrīmanmahāsairibha. 74

You shudder [the skin on] your awfully dusty body for the great fun of it. You uproot whole bunches of deeply rooted grass. You are gratified by immersing yourself in the wide pond full of water. O great Buffalo, now you bear comparison with Bhārgava Rāma. 74

In the register of Bhārgava Rāma: You exterminate the beautiful Reṇukā to please your father. You uproot the deeply entrenched lineage of [Kārtavīrya] Arjuna. You are gratified by doing ablutions in wide ponds full of blood. O great Buffalo, . . .

मञ्जूषाञ्चितरौद्रधन्वसुदृढज्याकर्षणे ख्यातिमा-
न्सीतायां प्रणयं करोषि न जनस्थाने च धत्से भयम्।
वाहिन्यां कुरुषे तथा शारशिरश्छेदं यथेष्टं चर-
न्रामस्त्वं निजलक्ष्मणान्विततया श्रीमँल्लुलायप्रभो ॥75॥

mañjūṣāñcitaraudradhanvasudṛḍhajyākarṣaṇe khyātimān
sītāyāṃ praṇayaṃ karoṣi na janasthāne ca dhatse bhayaṃ.
vāhinyāṃ kuruṣe tathā śaraśiraśchedaṃ yatheṣṭaṃ caran
rāmastvaṃ nijalakṣmaṇānvitatayā śrīmaṃllulāyaprabho. 75

Your achievement in breaking a variety of fields such as the beautiful (*mañju*), the salty (*uṣā*), the hard (*raudra*) and the parched (*dhanvan*) is well known. You love the furrow. You have no fear even in the midst of people. Moving as you please, you cut the tip of the *darbhā* grass [with your teeth] on the banks of the river. O Lord of Buffaloes, you are verily Rama with your own marks. 75

In the register of Rāma: You are reputed for stringing the hardy bow of Śiva with its quiver; you love Sītā; you are not scared in Janasthāna [where demons such as Khara and Dūṣaṇa live]. You behead demons moving about freely among the armies. With your [brother] Lakṣmaṇa, you are verily Rāma.

59 श्रीमन्लुलायप्रभो – ते.

कृष्णस्ते सहजो हलं वहसि च स्कन्धे प्रलम्बाकृतिं
त्वं धूनोषि हलाञ्चलेन धरणीमुन्मूलयस्याग्रहात्।
श्रीमत्कासर सादरोऽसि मदिरां पातुं च संकर्षणः
साक्षात्त्वं बलराम एव हि वहन्नीलांशुकं स्वं वपुः ।।76।।

kṛṣṇaste sahajo halaṃ vahasi ca skandhe pralambākṛtiṃ
tvaṃ dhūnoṣi halāñcalena dharaṇīmunmūlayasyāgrahāt.
śrīmatkāsara sādaro'si madirāṃ pātuṃ ca saṃkarṣaṇaḥ
sākṣāttvaṃ balarāma eva hi vahan nīlāṃśukaṃ svaṃ vapuḥ. 76

You are black by nature. The plough hangs vertically from your shoulder, [which] you try to shake off. Obstinate, you dig the earth deep with the tip of your plough. You have zeal in protecting my land. Resplendent in black, O Buffalo, plougher of field, you are Balarāma himself appearing before me. 76

In the register of Balarāma: Kṛṣṇa is your brother. You carry a plough on your shoulder. You kill the demon Pralamba. You drag the earth forcibly with the tip of a plough [This alludes to the episode of Balarāma dragging Hastinapura towards the sea with a plough]. You take delight in drinking alcohol. You are Saṃkarṣaṇa and your weapon is the plough. You wear your blue cloth. O Buffalo, . . .

संप्राप्तः सहजं बलं भुवि महाञ्जातोऽसि कृष्णात्मना
कं सानन्दमहो मुखेन सरसो गृह्णासि गोपान्वितः।
नैकाभिर्महिषीभिरन्वहमपि क्रीडां विधत्से मुदा
त्वं साक्षाद्यदुनाथ एव महिषाधीशाद्य [60]संलक्ष्यसे ।।77।।

samprāptaḥ sahajaṃ balaṃ bhuvi mahān jāto'si kṛṣṇātmanā
kaṃ sānandamaho mukhena saraso gṛhṇāsi gopānvitaḥ.
naikābhir mahiṣībhiranvahamapi krīḍāṃ vidhatse mudā
tvaṃ sākṣādyadunātha eva mahiṣādhīśādya saṃlakṣyase. 77

Born as black [in colour], you acquired the strength that is natural to you. You drink water with great joy in the company of herdsmen. You engage in love sport with more than one she-buffalo. Now you appear, O Lord of Buffaloes, to be verily the Lord of Yadus. 77

In the register of Kṛṣṇa: Born on the earth as Kṛṣṇa, you acquired a brother in Bala[rāma]. In the company of cowherds, you took away the joy of Kaṃsa by daybreak. You have a nice time with your many wives every day. Now you appear, . . .

60 संदृश्यसे – ते.

निर्धूय श्रुतिमप्प्रमाणमिदमित्यन्तर्जलानां भव-
न्निष्टं कर्म विनिन्दितं विरचयन्कुर्वन्महासंकरम्।
सन्मार्गप्रतिदूषको भुवि यथाजातात्मना वर्तसे
तेन त्वां गणयामि कासरपते बौद्धावतारं हरिं ।।78।।

nirdhūya śrutimappramāṇamidamityantarjalānāṃ bhavann-
iṣṭaṃ karma vininditaṃ viracayan kurvan mahāsaṅkaraṃ.
sanmārgapratidūṣako bhuvi yathājātātmanā vartase
tena tvāṃ gaṇayāmi kāsarapate bauddhāvatāraṃ hariṃ. 78

You stay in water as if to measure its depth, wiggling your ears [in order to shake off the water that has entered in them]. You take delight in doing reprehensible things. You keep your head hanging. You defile things. You dirty good paths. You stay on earth in the way you were born. Hence, O Lord of Buffaloes, I take you for Hari in his incarnation as Buddha. 78

In the register of Buddha: Rejecting the Vedas as of no authority, you stay among fools. You disparage the desirable *karma* (rituals). You cause the mixing of castes. You disgrace the ways of the good [people]. You go about naked [Perhaps the poet confuses between Buddhists and the *Digambaras*]. Hence, O Lord of Buffaloes, . . .

सुक्षेमंकर वालहस्तमभितस्ताम्रायमाणे रजो-
भूम्ना हन्त युगान्त एव हि वृषक्लेशं विलोक्य स्वयम्।
आधातुं सफलां महीं कृतयुगारम्भे स्थितं भूतले
मन्ये त्वां महिषाधिराज नियतं कल्क्यात्मकं श्रीपतिम् ।।79।।

sukṣemaṃkara vālahastamabhitastāmrāyamāṇe rajo-
bhūmnā hanta yugānta eva hi vṛṣakleśaṃ vilokya svayam.
ādhātuṃ saphalāṃ mahīṃ kṛtayugārambhe sthitaṃ bhūtale
manye tvāṃ mahiṣādhirāja niyataṃ kalkyātmakaṃ śrīpatiṃ. 79

O Overlord of Buffaloes, one who confers peace and happiness, you wag your tail around, [helpful like] an arm when the edge of the yoke becomes reddish with dust. You see the hardship of the ox [at the other end of the yoke]. You stay at the beginning of the yoke [i.e., agricultural operations], so that the earth bears fruits. I take you for Viṣṇu in the form of Kalki. 79

In the register of Kalki: Brandishing the auspicious sword in your hand, you observe the decline of *dharma* all around as a result of the spread of *rajo*[*guṇa*] at the end of the epoch and, then, you set out to turn the earth productive in the new epoch of Kṛtayuga.

कं दर्पं न भजस्यतीन्द्रियतनुः किं चासि पञ्चाननो-
ऽप्याकण्ठं च विषं पिबन्नतितरां धत्से सदामं गलम्।
प्रीत्या सानुचरोऽचलोपरि मुदं धत्सेऽभिषेकोत्सवै-
रुग्रत्वादपि कासरेश्वर विरूपाक्षस्त्वमेवासि नः ॥80॥

kaṃ darpaṃ na bhajasyatīndriyatanuḥ kiṃ cāsi pañcānano'py-
ākaṇṭhaṃ ca viṣaṃ pibannatitarāṃ dhatse sadāmaṃ galaṃ.
prītyā sānucaro'calopari mudaṃ dhatse'bhiṣekotsavair-
ugratvādapi kāsareśvara virūpākṣastvamevāsi naḥ. 80

What are you not proud about? Your body is highly virile. Your mouth is wide. You drink water to your throat. Round your neck is always a rope. Escorted by a companion (i.e., the peasant who looks after you), you graze on hilltops and valleys. You are delighted when water is poured on you. And, also for your terribleness, O Lord of Buffaloes, you are Śiva, the one with eyes that are not in the proper form, for us. 80

In the register of Śiva: You are not given to lust; your form is not accessible to senses. You have five faces. You drink poison which is stopped at his neck; you are always auspicious [the concept of Sadāśiva][61]; you move about with your retinue on top and in the valleys of Kailāsa. You are pleased by ritual pouring of water on your head. You are *viūrpākṣa,* the one with three eyes. And, also for your terribleness, . . .

प्रस्थप्रस्रवणान्वितोऽसि विपुलैः पादैरुपेतोऽसि च
प्रोत्तुङ्गं च बिभर्षि शृङ्गमधिकं गण्डोपलेनान्वितः।
दुष्प्रापो बहुधावनैरसि महासत्त्वप्रकर्षोद्धतै-
र्नूनं कश्चन कासरेन्द्र चरसि त्वं सर्वतः पर्वतः ॥81॥

prasthaprasravaṇānvito'si vipulaiḥ pādairupeto'si ca
prottuṅgaṃ ca bibharṣi śṛṅgamadhikaṃ gaṇḍopalenānvitaḥ.
duṣprāpo bahudhāvanairasi mahāsattvaprakarṣoddhatair-
nūnaṃ kaścana kāsarendra carasi tvaṃ sarvataḥ parvataḥ. 81

You urinate in huge quantities. Your legs are big. You hold your horns high. Your cheeks are hard like stone. It is very difficult to chase you when running. You are proud of your huge body. Indeed, you move about everywhere like a mountain. 81

In the register of a mountain: You have tablelands and streams; you have foothills and peaks. There are varieties of rock on you. You are inaccessible for the heavy forests infested with monstrous animals. Indeed, you move about . . .

61 The commentator takes *sadāmaṅgalaṃ* to mean "always with auspicious marks such as the crescent, Gaṅgā." I think this is more direct.

भीष्मस्त्वं हि दृशानलोऽसि च नृगस्त्वं ह्रस्वरोमाऽप्यसि
भ्रातस्त्वं भरतः पृथुश्च तरसा नूनं मरुत्तोऽधिकः।
इत्थं पुण्यपुराणभूपतिमये त्वय्यद्भुते जाग्रति
श्रीमन्सैरिभराज राजहतकान्नालोकयामः खलान् ॥82॥

bhīṣmastvaṃ hi dṛśānalo'si ca nṛgastvaṃ hrasvaromāpyasi
bhrātastvaṃ bharataḥ pṛthuśca tarasā nūnaṃ marutto'dhikaḥ.
itthaṃ puṇyapurāṇabhūpatimaye tvayyadbhute jāgrati
śrīman sairibharāja rājahatakān nālokayāmaḥ khalān. 82

You are terrible. You look insatiable.[62] Men can easily approach you. Your hair is short. O brother, you are huge for your weight and faster than wind. When all the saintly kings of Purāṇic fame are thus present in you, O King of Buffaloes, we will not so much as look at the cruel, wretched kings [of the day]. 82

In the register of Purāṇic kings: You are Bhīṣma. You look like Anala. You are Nṛga and Hrasvaroma. O brother, you are Bharata, Pṛthu, and, of course, Marutta. When all the saintly kings of Purāṇic fame . . .

कर्णं निर्णुदसि त्रिगर्तपतितो धूनोषि तज्जीवनं
द्रोणं संततमुच्चरस्यपि गृहे नित्यं सुभद्रान्वितः।
हन्तुं सैन्धवमीश्वरेण विहितं सामर्थ्यमासेदिवा-
न्धीर श्रीमहिषाधिराज भुवने मन्ये त्वमेवार्जुनः ॥83॥

karṇaṃ nirṇudasi trigartapatito dhūnoṣi tajjīvanaṃ
droṇaṃ santatamuccarasyapi gṛhe nityaṃ subhadrānvitaḥ.
hantuṃ saindhavamīśvareṇa vihitaṃ sāmarthyamāsedivān-
dhīra śrīmahiṣādhirāja bhuvane manye tvamevārjunaḥ. 83

You waggle your ears to flush out the water deep inside them. You urinate frequently in huge quantities. You are always with a good ox. You have acquired the god-given ability to kill a horse. O brave Overlord of Buffaloes, I take you for Arjuna on this earth. 83

In the register of Arjuna: You drive Karṇa away; you save his life from the Lord of Trigartas; you keep on chanting [about killing] Droṇācārya. You are always at home with Subhadrā. You acquired the weapons and the skill to use them from Śiva in order to kill Jayadratha. O brave Overlord of Buffaloes, . . .

62 The commentator glosses *dṛśā anala* as "with eyes of the colour of fire." I take *anala* in its literal sense.

वेगादर्जुनमेव धावसि दृढं त्वं कालपृष्ठं वहन्-
भीमं मुञ्चसि किं च भूरि निनदं धत्सेऽङ्गलक्ष्मीं स्थिराम्।
वाहिन्यां प्रसभं प्रविश्य कुरुषे क्षोभं प्रतापान्वित-
स्तस्मात्कर्ण इवाङ्ग सैरिभपते कामानवस्यर्थिनाम् ॥84॥

vegādarjunameva dhāvasi dṛḍhaṃ tvaṃ kālapṛṣṭhaṃ vahan
bhīmaṃ muñcasi kiṃ ca bhūri ninadaṃ dhatse'ṅgalakṣmīṃ sthirāṃ.
vāhinyāṃ prasabhaṃ praviśya kuruṣe kṣobhaṃ pratāpānvitas-
tasmāt karṇa ivāṅga sairibhapate kāmānavasyārthināṃ. 84

Carrying the God of Death on your back, you run fast towards grass. You let out terrible noise many times. You bear perpetual grace of the body. You enter the river forcefully and agitate it when you feel hot. Hence, O Lord of Buffaloes, you grant the wishes of the supplicants in the same way as Karṇa. 84

In the register of Karṇa: Excited, you run only against Arjuna carrying [your bow called] *kālapṛṣṭha.* You spare Bhīma of the loud shout. You hold the prosperity (i.e., you are the king) of Aṅga. You enter the army violently and create a stir with your majesty. *vāhini*, army. Hence, O Lord of Buffaloes, . . . [Karṇa is reputed for his munificence.]

लोके त्वं हि सधर्मराडसि महान्भीमोऽस्यपार्थोऽसि न
द्रोणीभूतमुखोऽसि कासरपते किं चासि नासत्यभूः।
उद्घोषेण च कर्णशल्यमयसे भूरिश्रवोभीष्मतां
त्वत्संदर्शनतोऽद्य भारतकथा प्रत्यक्षमालोक्यते ॥85॥

loke tvaṃ hi sadharmarāḍasi mahān bhīmo'syapārtho'si na
droṇībhūtamukho'si kāsarapate kiṃ cāsi nāsatyabhūḥ.
udghoṣeṇa ca karṇaśalyasamaye bhūriśravo bhīṣmatāṃ
tvatsandarśanato'dya bhāratakathā pratyakṣamālokyate. 85

You are with the God of Death in this world. You are great and formidable. You are not without wealth. Your mouth is like a trough. O Lord of Buffaloes, you are not dishonest. You are a nuisance to ears for your loud noise. You are terrible, with huge ears. Thus, the whole story of the *Mahābhārata* unfolds itself before my eyes when I see you. 85

In the register of *Mahābhārata*: You are with Dharmarājā in this world. You are the great Bhīma; you are Pārtha,[63] You have the face-cut of Droṇa. Moreover, you are Nāsatyabhū[64]; You are Karṇa and Śalya with your loud voice; you are also Bhūriśravā and Bhīṣma. Thus, the whole story of the *Mahābhārata* . . .

63 The poet uses the expression *apārtho'si na* – not non-Pārtha.
64 Sahadeva and Nakula are children of the divine doctors, the Nāsatyas.

ज्यामाकर्षसि संगतार्ति महतीं मध्ये शराणां चर-
न्धन्वाकर्षणविश्रुतः प्रकटयन्दोषं स्वकैः कर्मभिः।
आलोक्यापि न भीतिमञ्चसि परान्प्राप्तोच्छ्रयो विग्रहे
वीराग्रेसर कासरेश्वर ननु द्रोणस्त्वमेवासि नः ।।86।।

jyāmākarṣasi saṃgatārti mahatīṃ madhye śarāṇāṃ caran-
dhanvākarṣaṇaviśrutaḥ prakaṭayan doṣaṃ svakaiḥ karmabhiḥ.
ālokyāpi na bhītimañcasi parān prāptocchrayo vigrahe
vīrāgresarakāsareśvara nanu droṇastvamevāsi naḥ. 86

Wading through water, you dig the broad field with a sharp plough with great effort. You are reputed in ploughing parched land. You show defects in all your acts. You are fearless even when you face other great [animals]. You are very elevated. O Lord of Buffaloes, you who walk in front of Vīra (the cattle-keeper), you are indeed Droṇa for us. 86

In the register of Droṇa: Moving in the midst of arrows, you string the great bow at its curved end. You are reputed in archery. Showing [the power of] arms in your jobs, O, foremost among brave heroes,[65] you are not scared seeing your enemies in the battlefield.

उच्चैरावणसोदरोऽसि च महापार्श्वोऽतिकायोऽप्यसि
स्थूलाकारमहोदरोऽसि नितरां त्वं मेघनादोऽप्यसि।
धूम्राक्षोऽसि च दूषणोऽसि चरितैस्त्वं कुम्भकर्णोऽस्यतो
मद्ग्रामस्त्वदुपाश्रयेण भजते लंकारमाधारताम् ।।87।।[66]

uccairāvaṇasodaro'si ca mahāpārśvo'tikāyo'pyasi
sthūlākāramahodaro'si nitarāṃ tvaṃ meghanādo'pyasi.
dhūmrākṣo'si ca dūṣaṇo'si caritaistvaṃ kumbhakarṇo'syato
madgrāmastvadupāśrayeṇa bhajate laṅkāramādhāratāṃ. 87

You are the brother of Airāvata in terms of height. You have broad sides. Your body is huge, too. With your huge size and belly, you make a thundering noise. Your eyes are smoky. You pollute your path as you move. Your ears are like pitchers. Thus, may my village be now the seat of the prosperity of Laṅkā. 87

In the register of the prosperity of Laṅkā: You are the tall brother of Rāvaṇa. You are Mahāpārśva, and Atikāya. You are Mahodara. You are Meghanāda in

65 The commentator glosses *doṣa* as defect, "such as killing enemies" and misses the pun. He also misses the pun in *vīrāgresara*, although he knew that the keeper his great-grandfather's buffalo was called Vīra. See v. 94 and the commentator's gloss on Vīra there (*vireṇa – vīranāmnā gopālena*).

66 This verse appears after the verse beginning 'त्वंवाली रमसे . . .' (97) in ते.

entirety. For your antecedents, you are Dhūmrākṣa, Dūṣaṇa and Kumbhakarṇa. Thus, may my village . . .

सीतायां प्रसितो दृढं कृतयुगव्यापारघोरक्रमो
दर्पोज्जृम्भित हे हयाधिपहतिश्रान्तिं वहस्याहवे।
प्रख्यातोऽस्यनरण्य एव विषयेऽप्युत्कृष्टधन्वा जवा-
न्मायावी स हि रावणः पुनरिह प्राप्तोऽसि किं मद्गृहे ।।88।।

sītāyāṃ prasito dṛḍhaṃ kṛtayugavyāpāraghorakramo
darpojjṛmbhita he hayādhipahatiśrāntiṃ vahasyāhave.
prakhyāto'syanaraṇya eva viṣaye'pyutkṛṣṭadhanvā javān-
māyāvī sa hi rāvaṇaḥ punariha prāpto'si kiṃ madgṛhe. 88

Attached fast to the furrow, you perform the hard act of working with the yoke. O conceited one, you are fatigued after overpowering the horse in a combat. You are reputed in deforested settlements [cleared for agriculture]. You plough parched land with ease. Have you, by delusion, reached my home as Rāvaṇa? 88

In the register of Rāvaṇa: You were enamoured of Sītā; you had performed hard acts [such as sacrificing your own head] in Kṛtayuga; you were defeated and imprisoned by the arrogant Kārtavīrya Arjuna. You are famous for drawing up the great bow in Anaraṇya [the land of Ikṣvākus]; you have magical powers [of delusion]. Have you, by delusion, . . .

ताम्रश्मश्रुमुखोऽसि नैव सहसे क्रोडाहतिं मानवैः
कामं बाडववैरमाकलयसे रोषेण नैसर्गिकम्।
संप्रीतिं तरसादने वितनुषे[67] त्वामद्य पानोत्सुकं
चन्दाखानमवैमि यत्तव खुरानाश्चर्यमालोकये ।।89।।

tāmraśmaśrumukho'si naiva sahase kroḍāhatiṃ mānavaiḥ
kāmaṃ bāḍavavairamākalayase roṣeṇa naisargikaṃ.
samprītiṃ tarasādane vitanuṣe tvāmadyapānotsukaṃ
candākhānamavaimi yattava khurānāścaryamālokaye. 89

You have reddish hair on your face. You cannot bear blows on your chest. You show natural enmity with horse. You relish eating quickly. You show keenness to drink. Hence I know you as Chanda Khan and look at your hooves with amazement. 89

In the register of Chanda Khan: With reddened hair on your face (Muslims used to dye their beard with *henna*), you don't tolerate the killing of pig; and you entertain strong hatred for Brāhmaṇas with natural anger. You take delight in

67 तरसादनेऽपि तनुषे – मातृकाद्वयम् (i.e., ते & ना)। तरसादने वितनुषे – व्याख्यातृसंमतपाठः ।

eating meat. You are eager to drink alcohol. Your Quran looks wonderful. Hence I know you as Chanda Khan.

द्वंद्वे प्रीतियुतः क्वचित्कृतबहुव्रीहिप्रकर्षः क्वचि-
त्पश्चात्तत्पुरुषान्वितः कृतसमाहारः क्वचिच्च क्वचित्।
शब्देषु द्विगुणादरं कलयसि श्रीकासरक्ष्मापते
प्रायः शाब्दिकचक्रवर्तिनमिह त्वामेव मन्यामहे ।।90।।

dvandve prītiyutaḥ kvacit kṛtabahuvrīhiprakarṣaḥ kvacit
paścāttatpuruṣānvitaḥ kṛtasamāhāraḥ kvacicca kvacit.
śabdeṣu dviguṇādaraṃ kalayasi śrīkāsarakṣmāpate
prāyaḥ śābdikacakravartinamiha tvāmeva manyāmahe. 90

Sometimes you take delight in copulation; sometimes you produce varieties of rice; and behind you is always your man. Now you eat well and now you delight yourself in making loud noise. O King of Buffaloes, I take you for an emperor of grammarians. 90

In the register of a grammarian:[68] Sometimes you take delight in *dvandva* (a compound word in which both the components are of equal importance); sometimes you produce *bahuvrīhi* (a compound word where neither of the components but one from outside is signified); sometimes you are with *tatpuruṣa* (a compound word where the latter part is important); sometimes you are *samāhāra* [*dvandva*] (a compound where all constituents are taken as a group, treated as singular). Of the words, you are interested in *dvigu* (a compound where the former constituent indicates a number). O King of Buffaloes, . . .

त्वं शक्तिं सहजां दधासि च पदेष्वङ्गाजहल्लक्षणः
स्वातन्त्र्यं प्रथयंश्च शब्दविषयेऽप्यासक्तिमुर्व्यां भजन्।
भूयो दर्शनमेषि लिङ्गकरणप्रामाण्यसंभावितः
कक्ष्यायां प्रसितस्ततोऽद्य महिष त्वां तर्कये तार्किकम् ।।91।।

tvaṃ śaktiṃ sahajāṃ dadhāsi ca padeṣvaṅgājahallakṣaṇaḥ
svātantryaṃ prathayaṃśca śabdaviṣaye'pyāsaktimurvyāṃ bhajan.
bhūyo darśanameṣi liṅgakaraṇaprāmāṇyasambhāvitaḥ
kakṣyāyāṃ prasitastato'dya mahiṣa tvāṃ tarkaye tārkikaṃ. 91

You are strong by birth. Your steps never fail. You take liberties when it comes to making noise. You show interest in the earth. You show yourself up again and

68 One feature of the Sanskrit language is that it is agglutinative. Many words can be combined to form a single word. This is called *samāsa. Samāsa*s or compound words are of different types. A few such types are mentioned here.

again. You are adored [by she-buffaloes] for your being first in the combative strategies of sex. You are always attached to the rope. O Buffalo, now I take you for a *tārkika* [logician]. 91

In the register of a *tārkika*: You possess the power or signification of a word and are knowledgeable about the gender of words. You show interest in land. You give importance to what is seen, and consider the gender and the part of speech [of words].[69] O Buffalo, now I take . . .

सूत्राणि प्रसभं महत्प्रतिभयोत्साहेन यत्खण्डय-
न्धाट्यावाङ्मुख एव चाधिकरणप्रौढिं परां दर्शयन्।
संघर्षे सति बाडबैर्विजयितां सिद्धान्ततो गाहसे
तेन त्वं महिषक्षितीश्वर महामीमांसकाग्रेसरः ।।92।।

sūtrāṇi prasabhaṃ mahāpratibhayotsāhena yat khaṇḍayan
dhāṭyāvāṅmukha eva cādhikaraṇaprauḍhiṃ parāṃ darśayan.
samgharṣe sati bāḍavair vijayitāṃ siddhāntato gāhase
tena tvaṃ mahiṣakṣitīśvara mahāmīmāṃsakāgresaraḥ. 92

You break ropes with great ingenuity and enthusiasm but no fear. Keeping your head low, you show your combative power. In fighting horses, you are sure to emerge victorious in the end. Hence, O King of Buffaloes, you are a top Mīmāṃsaka. 92

In the register of *Mīmāṃsaka*: Repudiating aphorisms with great force and ingenuity and showing off your proficiency in *ex tempore* confrontation, you succeed in a situation of confrontation with Brāhmaṇas because of your strength in theory. Hence, O King of Buffaloes, . . .

मालिन्यास्पदमुच्चकैस्तव वपुर्ग्रीवा पुनः स्रग्धरा
नित्यं जाङ्गलभूमिषु त्वमयसे शार्दूलविक्रीडितम्।
काठिन्यं वपुषो बिभर्षि नियतं किं चेन्द्रवज्राधिकं
वृत्तात्मा भजसि प्रबन्धपदवीं श्रीसैरिभक्ष्मापते[70] ।।93।।

mālinyāspadamuccakaistava vapurgrīvā punaḥ sragdharā
nityaṃ jāṅgalabhūmiṣu tvamayase śārdūlavikrīḍitaṃ.
kāṭhinyaṃ vapuṣo bibharṣi niyataṃ kiṃ cendravajrādhikaṃ
vṛttātṃā bhajasi prabandhapadavīṃ śrīsairibhakṣṃāpate. 93

69 Technical expressions in Indian logic (*Tarkaśāstra*) such as *sahajaśakti*, *ajahallakṣaṇa*, *liṅgakaraṇaprāmāṇya*, etc. are used here. What I have given in the translation is the nearest approach to these.

70 वाहद्विषत्क्ष्मापते – जी.

Your tall body is the home to filth. You wear a garland round your neck. You play like a tiger when ploughing arid fields. Your body is harder than Indra's thunderbolt. With your rotund body, you are always in a state of being tied down, O King of Buffaloes. 93

In the register of *prabandha* (poetic composition): *vṛtta*s (metres) such as Mālinī, Sragdharā, Śārdūlavikrīḍita, Indravajrā are brought in here.

शृङ्गारं रुचिरं दधास्यनुदिनं वीरेण संचार्यसे
कृष्यां भूरि दयान्वितः प्रतिभयं हास्यं वहस्यद्भुतम्।
उद्घोषं विकृतं करोषि बहुधा रौद्रं मुहुर्वीक्षसे
सायं दामनि शान्तिभाङ्नवरसास्तस्माल्लुलाय त्वयि ।।94।।

śṛṅgāraṃ ruciraṃ dadhāsyanudinaṃ vīreṇa sañcāryase
kṛṣyāṃ bhūri dayānvitaḥ pratibhayaṃ hāsyaṃ vahasyadbhutaṃ.
udghoṣaṃ vikṛtaṃ karoṣi bahudhā raudraṃ muhurvīkṣase
sāyaṃ dāmani śāntibhāṅnavarasāstasmāllulāya tvayi. 94

The tip of your horn is beautiful. You move with Vīra [the cattle keeper][71] every day. You take very kindly to agriculture. Even when angry, you look funny, strange! You make various noises. You look terrible again and again. And you return home peacefully by evening. O Buffalo, hence all the nine *rasas* are present in you. 94

The nine *rasa*s ("flavours") – *navarasa*s – of Indian rhetoric are directly brought in here: *śṛṅgāra, vīra, dayā, bhaya, hāsya, adbhuta, vikṛta* (*bībhatsa*), *raudra, śānta.*

त्वं सद्यस्तनपीडनेन रचयञ्छृङ्गारलीलाक्षता-
न्यापीतैरधरामृतैश्च सरसः संमीलिताक्षः सुखैः।
आकृष्टः प्रसभं सरोमलतया तापाच्चिरेणातनोः
पद्मिन्या रसिकाग्रणीरिव लुलायाधीश संक्रीडसे ।।95।।

tvaṃ sadyastanapīḍanena racayañchṛṅgāralīlākṣatā-
nyāpītairadharāmṛtaiśca sarasaḥ saṃmīlitākṣaḥ sukhaiḥ.
ākṛṣṭaḥ prasabhaṃ saromalatayā tāpāccireṇātanoḥ
padminyā rasikāgraṇīriva lulāyādhīśa samkrīḍase. 95

Harassed by the men of the day, you cause wounds with the tip of your horns. Eyes closed in ecstasy, you drink water from the lower layers of the pond [because that will be cooler]. You are attracted by clean pools in hot weather. O Overlord of Buffaloes, you play in the lotus pond like the best of libertines. 95

71 For another reference to Vīra, the peasant, v. 86.

In the register of a libertine: Pressing the breasts, you cause wounds of love. Drinking the nectar of lips, you, a connoisseur, close your eyes [in ecstasy]. In the heat of lust, you get attracted by the creeper [that is pubic] hair. In this way, O Overlord of Buffaloes, you play like the best of libertines with a *padminī* [the best kind of woman according to *Kāmasūtra*.]

आशां पुष्यसि यो निपानसलिले यो नाभिमानान्वितः
प्रीत्या नित्यमपारलौकिकविधावङ्गीकृतः कैरपि।
स्वच्छन्दं चरसीह यः किल परक्षेत्रे खलाग्रेसर-
स्तं त्वां हन्त विटाग्रगण्यमधुना जाने महासैरिभ ।।96।।

āśāṃ puṣyasi yo nipānasalile yo nābhimānānvitaḥ
prītyā nityamapāralaukikavidhāvaṅgīkṛtaḥ kairapi.
svacchandaṃ carasīha yaḥ kila parakṣetre khalāgresaras-
taṃ tvāṃ hanta viṭāgragaṇyamadhunā jāne mahāsairibha. 96

You quench your thirst with the water kept in a trough. You plough in mud, navel-deep. You engage yourself daily in manifold activities approved by the people. You move about wilfully in the fields of others. You move at the edge of the threshing floor. Alas, O great Buffalo, you are also known as the foremost voluptuary. 96

In the register of a voluptuary: You increase [sexual] desire by licking vaginal secretions. You are shameless in making love. You do things which are not accepted as fit for the other world [i.e., you do most impious things]. You go to others' wives at will. Alas, O great Buffalo, . . .

त्वं वाली रमसे रुमामुपगतः प्रौढाङ्गदेहान्वित-
स्तारामैत्रमिह स्फुटं वितनुषे नादैर्जयन्दुन्दुभिम्।
इत्थं सत्यपि कासरेश्वर नृणामाश्चर्यदश्चर्यया
मातङ्गान्तिक एव निर्भयमहो संचारशीलोऽसि किम् ।।97।।

tvaṃ vālī ramase rumāmupagataḥ prauḍhāṅgadehānvitas-
tārāmaitramiha sphuṭaṃ vitanuṣe nādairjayan dundubhiṃ.
itthaṃ satyapi kāsareśvara nṛṇāmāścaryadaścaryayā
mātaṅgāntika eva nirbhayamaho sañcāraśīlo'si kiṃ. 97

You have a tail. You enjoy playing in saline fields. You are endowed with a stout body. You make friends even with girls [i.e., even a small girl can tend you]. You outdo drums in your sound. Thus surprising people with your activities, you move close to lowly people [i.e., the peasants.] 97

In the register of Vālin: You, Vālin, (the monkey king of *Rāmāyaṇa*) enjoy with Rumā (your sister-in-law). You are with the mighty Aṅgada (your son). You expressly show your love for Tārā (your wife). You triumph over Dundubhi (the demon) by your loud roar. You move about in the vicinity of the hermitage of Mātaṅga (the sage) without fear.

जिष्णुस्त्वं हि कृशानुभावमयसे श्रीकासरक्ष्मापते
नित्यं किंच सदन्तकोऽसि वपुषि ग्राम्येऽस्ति ते निर्ऋतिः[72]।
पाशी चासि सदाशुगत्वमयसे सर्वत्र कृष्यादिषु
प्रायो वै श्रवणोच्छ्रयं प्रकटयन्किं च त्वमुग्राकृतिः ॥98॥

jiṣṇustvaṃ hi kṛśānubhāvamayase śrīkāsarakṣmāpate
nityaṃ kiṃca sadantako'si vapuṣi grāmye'sti te nirṛtiḥ.
pāśī cāsi sadāśugatvasamayase sarvatra kṛṣyādiṣu
prāyo vaiśravaṇocchrayaṃ prakaṭayan kiṃ ca tvamugrākṛtiḥ. 98

To win is a habit with you. O King of Buffaloes, you have sympathy for the weak. The God of Death is always on your body. There are many defects on your rustic body. You are seen with the rope. You always run very fast everywhere over crops. Generally you keep your ears raised. You are of a terrible form. 98

Jiṣṇu (Indra), Kṛśānu (Agni), Antaka (Yama), Nirṛti, Pāśin (Varuṇa), Āśuga (Vāyu), Vaiśravaṇa and Ugra (Īśāna) are the *aṣṭadikpāla*s ("guardians of the eight directions").

क्षेत्राण्यञ्चसि पञ्चलाङ्गलविधौ लब्धार्द्रकृष्णाजिनो
गोदानेषु सहस्रशः प्रतिदिनं पात्रीभवस्यात्मना।
त्वं ब्रह्माण्डकटाहमञ्चसि समुद्घोषेण लब्धा त्वया
काऽपि स्वर्णतुलाऽपि कासरपते दीर्घायुरिच्छामि ते ॥99॥

kṣetrāṇyañcasi pañcalāṅgalavidhau labdhārdrakṛṣṇājino
godāneṣu sahasraśaḥ pratidinaṃ pātrībhavasyātmanā.
tvaṃ brahmāṇḍakaṭāhamañcasi samudghoṣeṇa labdhā tvayā
kāpi svarṇatulāpi kāsarapate dīrghāyuricchāmi te. 99

You go to the field with five ploughs. You have an oily, dark skin. You participate in ploughing the field daily in a thousand ways. You frighten the whole world

72 According to Sanskrit grammar, *ṛ* is a short 'vowel'; and *rṛ* is not a compound letter (*saṃyuktākṣara*). Hence the preceding *ni* is *laghu*. Thus, this verse is metrically flawed in the strict sense. Alternatively, if we consider the phoneme *ṛ* as a consonant as they do in the Tamil-, Telugu- and Kannada-speaking regions, after the vocalic *r*, *ni* can be taken as *guru*. That is why I have transcribed it as र्ऋ, not ऋ as it should be. Our poet, to be sure, uses *ṛ* as a 'vowel' everywhere else without making the previous syllable a *guru*, like in *vṛṣala* (v. 3) *spṛhāṃ* (v. 4), *kṛṣigorakṣādikaṃ* (v. 5), *durdhanigṛhadvāra* (v. 7) and so on.

with your noise. O Lord of Buffaloes, I wish you a long life as you cause weighing gold in huge quantities.[73] 99

सुग्रीवोऽसि महान्गजोऽसि वपुषा नीलः प्रमाथी तथा
धूम्रश्चासि महानुभाव महिष त्वं दुर्मुखः केसरी।
इत्थं ते सततं महाकपिशताकारस्य साहाय्यतः
सीतां प्राप्य विलङ्घ्य दुःखजलधिं नन्दामि रामः स्वयम्।। ।।100।।

sugrīvo'si mahān gajo'si vapuṣā nīlaḥ pramāthī tathā
dhūmraścāsi mahānubhāva mahiṣa tvaṃ durmukhaḥ kesarī.
itthaṃ te satataṃ mahākapiśatākārasya sāhāyyataḥ
sītāṃ prāpya vilaṅghya duḥkhajaladhiṃ nandāmi rāmaḥ svayaṃ. 100

Your neck is beautiful. You are verily a big elephant. Your body is black. You are hurtful. You are also smoky in colour. You are a lion with an ugly face. Thus, with the help of you, in whom a hundred monkeys are manifest, I live gratified like Rāma with the furrow I have acquired after crossing the ocean of distress. 100

In the register of Rāma: recovering Sītā with the help of monkeys such as Sugrīva, Gaja, Nīla, Pramāthin, Dhūmra, Durmukha, Kesari.

I take the two verses that follow as interpolations for their entirely different, obsequious, tone and tenor. Jibananda Vidyasagara has not included v. 101 in his edition and the commentator has left out v. 102. All other editors have taken these as integral to the text.

[74]श्रीमद्भोसलवंशदुग्धजलधेः संपूर्णचन्द्रोपमो
यः शास्ति क्षितिमक्षति क्षितिपतिर्मूर्तः प्रतापः स्वयम्।
दीर्घायुर्जितशत्रुरात्मजयुतो धर्मी प्रजारागवा-
नुल्लाघोऽस्तु स निस्तुलैर्निजसभास्तारैः क्रमादागतैः।। ।।101।।

śrīmadbhosalavaṃśadugdhajaladheḥ sampūrṇacandropamo
yaḥ śāsti kṣitimakṣati kṣitipatirmūrtaḥ pratāpaḥ svayaṃ.
dīrghāyurjitaśatrurātmajavṛto dharmī prajārāgavān-
ullāgho'stu sa nistulairnijasabhāstāraiḥ kramādāgataiḥ. 101

May Pratāpa, the embodiment of majesty, Full Moon in the Ocean of Milk that is Bhosala dynasty, who rules the earth without want, live long with his son, defeating his enemies. May he be healthy, love his subjects and be served by his matchless hereditary ministers.

73 The *Pañcalāṅgalaśāstra* sets down the rules for *mahādāna*s ("great gifts"). These *dāna*s (gifts) include *ārdrakṛṣṇājinadāna, svarṇatulā-*[*tulāpuruṣa*]*-dāna, sahasragodāna, brahmāṇḍakaṭāha-pratigraha,* etc. which are suggested in this verse.

74 This verse is left out in जी.

राजा धर्मपरः परम्परधृतस्नेहाश्च तन्मन्त्रिणो
राजन्वत्यवनी वनीपकजना आढ्या भवन्तु क्षितौ।
पुष्टाङ्गाः पशवश्चरन्तु भजतां दुर्भिक्षवार्ता लयं
वाञ्छानाथकवेः कृतिश्च कुरुतां निर्मत्सराणां मुदम् ।।102।।

rājā dharmaparaḥ paramparadhṛtasnehāśca tanmantriṇo
rājanvatyavanī vanīpakajanā āḍhyā bhavantu kṣitau.
puṣṭāṅgāḥ paśavaścarantu bhajatāṃ durbhikṣavārtā layam
vāñchānāthakaveḥ kṛtiśca kurutāṃ nirmatsarāṇāṃ mudaṃ. 102

The king is righteous. [He and] his ministers love each other. The earth has a good king. May [even] the beggars become rich. May the animals move about with well-built bodies. May the very talk of distress perish. And may the poem of Vañchānātha give pleasure to the unenvious. 102

इति श्रीवाञ्छेश्वरकविविरचितं महिषशतकं संपूर्णम्।।

Iti Śrīvāñcheśvarakaviviracitam mahiṣaśatakam sampūrṇaṃ.

Thus the *Mahiṣaśatakam*, composed by Śrī Vncheśvara, is complete.

APPENDIX 1

The order of many verses is shuffled in the edition of JibanandaVidyasagara; it has also left out a few verses found in other versions (vv. 33–36, 48, 49 and 101). So also, there are a few verses in it not found elsewhere. They are mostly repetitions of the ideas expressed in the verses contained in the text. In any case, I give them here with my translation. Verse numbers are those assigned by JibanandaVidyasagara.

द्वारे भाग्यवतामनादरतया लब्ध्वावमानं महत्
मत्कृष्यार्जितसर्वलुण्ठितसुभेदारेषु चामर्षतः।
व्याजीकृत्य हयद्विषं परिवृढा येऽमी मया निन्दिता-
स्ते क्षाम्यन्तु परं निरङ्कुशातया सम्मानयन्तः कवीन् ।।23।।

dvāre bhāgyavatāmanādaratayā labdhvāvamānaṃ mahat
matkṛṣyārjitasarvaluṇṭhitasubhedāreṣu cāmarṣataḥ.
vyājīkṛtya hayadviṣam parivṛḍhā ye'mī mayā ninditās-
te kṣāmyantu paraṃ niraṅkuśatayā saṃmānayantaḥ kavīṇ. 23

I had been subjected to heavy humiliation at the gates of the fortunate ones; I am also angry for the Subhedārs who have plundered what all I had earned from farming. Let those powerful men, whom I rebuke through this pretense of a buffalo, forgive me unconditionally, out of respect for poets. 23

कायक्लेशमहर्निशं विदधता द्राघीयसानेहसा
केदारे भवतान्तरायबहले निष्पादितं यत्फलम्।
त्वद्भागेन समं समस्तमपि तद् येनैव नीतं बलात्
तं क्षिप्रं यमसन्निधिं नय लुलायाधीश तुभ्यं नमः।।29।।

kāyakleśamaharnniśaṃ vidadhatā drāghīyasānehasā
kedāre bhavatāntarāyabahale niṣpāditam yatphalam.
tvadbhāvena samaṃ samastamapi tad yenaiva nītaṃ balāt
taṃ kṣipraṃ yamasannidhim naya lulāyādhīśa tubhyaṃ namaḥ. 29

Please take those people to the god of death: they take away your share of whatever fruits you produce in the field, toiling with your faultless, stout body day in and day out, facing a lot of obstacles. Salutations to you, O Overlord of Buffaloes. 29

अष्टास्वभ्रमुवल्लभादिषु भवानेकत्वमत्रागतः
किं वा जङ्गमतां गतः कुलगिरिष्वेकस्त्वमत्युन्नतः।
आहोस्विन्महिषासुरस्त्वमधुना हन्तावतीर्णः पुनः
ब्रूहि त्वं महिषेन्द्र विस्मयभरस्मेरं मदीयं मनः ।।88।।

aṣṭāsvabbhramuvallabhādiṣu bhavānēkatramatrāgataḥ
kiṃ vā jaṅgamatāṃ gataḥ kulagiriṣvēkastvamatynnataḥ.
āhōsvinmahiṣāsurastvamadhunā hantāvatīrṇaḥ punaḥ
brūhi tvaṃ mahiṣendra vismayabharasmēraṃ madīyaṃ manaḥ. 88

Are you here, one of the eight Elephants of the Directions such as Airāvata? Or, has one of the *kulagiri*s become mobile? Or else the demon, Mahiṣāsura, born again? Tell me, O chief of buffaloes, my mind, full of wonder, rejoices [seeing you]. 88

Abhramuvallabha means *Airāvata*, the elephant of Indra: ऐरावतोऽभ्रमातङ्गै-रावणाभ्रमुवल्लभाः *airāvato'bhramātaṅgairāvaṇābhramuvallabhāḥ*: *Amarakośa* (1.1.11.)

भ्रातः सञ्चर मा कदाचन बहिर्वाहारिचूडामणे
त्वामालोक्य समुन्नतं कृतिधरं सञ्चारिणं शृङ्गिणम् ।
कोऽप्येष क्षितिभृद्धितः पुनरसावित्याग्रहोदग्रधी-
र्जम्भारिस्तवदम्भनाशनकृते दम्भौलिमुत्तम्भयेत् ।।91।।

bhrātaḥ sañcara mā kadācana bahirvāhāricūḍāmaṇe
tvāmālokya samunnataṃ kṛtidharaṃ sañcāriṇaṃ śṛṅgiṇaṃ.
ko'pyeṣakṣtibhṛddhitaḥ punarasāvityāgrahodagradhīr-
jaṃbhāristava daṃbhanāśanakṛte daṃbhaulimuttambhayet. 91

My brother, O, crest jewel of the enemies of horses, never roam about in the out. Seeing you, the clever Indra is likely to wield his thunderbolt to kill you, mistaking you for some mountain going about actively, again, with its peaks held high. 91

तस्मै शृङ्गयुगाय तेऽतिमहते कल्याणमाशास्महे
श्रीमत्सैरिभसू(?)महेन्द्रशिखरोल्लीढाचलाय क्षणात् ।
तत्तादृक् शतकोटिकोटिषु परित्यक्तादरो भूयसा
यस्मै सन्ततमुच्चकैः स्पृहयते देवोऽपि सङ्क्रन्दनः ।।92।।

tasmai śṛṅgayugāya te'timahate kalyāṇamāśāsmahe
śrīmatsairibhasū (?)mahendraśikharollīḍhācalāya kṣaṇāt.
thattādṛk śatakoṭikoṭiṣu parityaktādaro bhūyasā
yasmai santatamuccakaiḥ spṛhayate devopi saṅkrandanaḥ. 92

We wish all welfare to you, O Buffalo, you with those two horns capable of grinding even mounting Mahendra in a minute. Even the god Indra is ready to part with his weapon *vajra* in order to acquire them. 92

Saṅkrandana means Indra: सङ्क्रन्दनो दुश्च्यवनस्तुराषाण्मेघवाहनः *saṃkrandano duścyavanasturāṣāṇmeghavāhanaḥ:–Amarakośa* (1.1.106); शतकोटिःस्वरुःशम्बो दम्भोलिरशनिर्द्वयोः *śatakoṭiḥ svaruḥ śambo dambholiraśanirdvayoḥ – Amarakośa (1.1.113).*

APPENDIX 2

श्रीकुट्टिसूरिकृतमहिषशतकव्याख्या श्लेषार्थचन्द्रिका

Śleṣārthacandrikā, a commentary of *Mahiṣaśataka* by Kuṭṭisūri

वन्दे दुण्ढिं[1] महालिङ्गं विश्वेशं मणिकर्णिकाम्।
ईश्वरश्रीनिवासार्याहोबलाख्यगुरूत्तमान् ।।1।।

श्रीमत्कवेरजातीरं विद्वद्वृन्दोपशोभितम्।
अत्युत्तमशिवक्षेत्रं[2] विष्णवादिस्थानमस्ति हि ।।2।।

तत्र तञ्जपुरं नाम राजस्थानमनुत्तमम्।
राजानः प्रथितास्तत्र भोसलीयान्ववायजाः ।।3।।

तदमात्यकुलोत्पन्नः श्रीमान्वाञ्छेश्वरः सुधीः।
शिष्टः कन्नटि[3] जातीयो वेदवेदाङ्गपारगः ।।4।।

नीतिमार्गेण राजानं तत्तत्कालेष्वचोदयत्।
कदाचिद्बालको राजा मेलयित्वा खलान्बहून् ।।5।।

खेलंस्तैः सर्वदा मुग्धो न शुश्राव हितं वचः।
तेभ्यो निवर्तयन्भूपं सन्मार्गे संप्रवर्तयन् ।।6।।

महिषस्तुतितो राजबुद्धिं चक्रे सुनिर्मलाम्।
तस्य नप्ता माधवार्यपौत्रः श्रीनरसिंहतः ।।7।।

1 ढुंढिमहालिङ्गं – ते.
2 क्षेत्रं विष्णवादि – ना.
3 कनटि – ते.

वाञ्छेश्वरो लब्धजन्मा पितृप्रोक्तेन वर्त्मना।
व्याख्यास्ये संप्रणम्यैतान्माहिषं शतकं मुदा ।।**8**।।

क्वाहं मुग्धमतिः क्वेयं साहिती सर्वपूजिता।
तथा ऽपि जन्म तद्वंशे प्रवर्तयति मामिह ।।**9**।।

काशीस्थान्पण्डितान्नत्वा लिख्यते किंचिदेव तु।
तद्गृह्णन्तु मुदा व्याख्यां तन्वन्तु विपुलामपि ।।**10**।।

नाशास्त्रं लिख्यते किंचिन्नानपेक्षितमेव च।
तथा ऽपि सर्वतन्त्रार्था उक्ता मूलानुसारतः ।।**11**।।

1. अथात्रभवाञ्छ्रीवाञ्छेश्वरः कविः[4] 'काव्यं यशसे ऽर्थकृते व्यवहारविदे शिवेतरक्षतये। सद्यःपरनिर्वृतये कान्तासंमिततयोपदेशयुजे।।'[5] इत्यभियुक्तोक्तिप्रामाण्यात्काव्यस्यानेकश्रेयःसाधनतां 'काव्यालापांश्च वर्जयेत्' इति निषेधस्यासत्काव्यविषयतां च पश्यन्स्वीयग्रन्थस्योपनिषत्प्रतिपाद्याद्वितीयात्मप्रतिपादनद्वारा निःश्रेयसोपयोगितां तत्र तत्र प्रकटयिष्यन्महिषप्रबन्धाख्यं महाकाव्यं चिकीर्षुः चिकीर्षितान्तरायनिरन्तरोपशान्तिचिरन्तनसमागतसंप्रदायानुवृत्तिलक्षणफलसाधनत्वात् 'आशीर्नमस्क्रिया वस्तुनिर्देशो वापि तन्मुखम्'[6] इत्याशीराद्यन्यतमस्य प्रबन्धमुखलक्षणत्वादाशीर्निर्देशमुखेन प्रबन्धतात्पर्यविषयीभूतमर्थं संगृह्णाति –

स्वस्तीति। शिवस्य परमेश्वरस्यानुग्रहात् प्रसादात् समस्तं सकलं जगद्भुवनं तस्मै प्रथममादौ स्वस्ति कल्याणमस्तु भवतु। 'नमःस्वस्ति' इत्यादिना चतुर्थी। गुणानां शमदमादीनां स्तोमतः सङ्घतः शस्ताः श्रेष्ठाः सन्तः साधवः ये निवसन्ति वर्तन्ते ते ऽमी सन्तः। शिवानुग्रहात् इत्यनुषङ्गः। एवमग्रिमवाक्यद्वये ऽपि बोध्यम्। सुखिनः शर्मिणः सन्तु भवन्तु। धर्मिष्ठे धर्मप्रधाने पथि मार्गे ऽवनिपा भूपाः संचरन्तु प्रवर्तन्ताम्। तेषामवनिपानां ये मन्त्रिणः सचिवाः ते दीर्घायुषः चिरजीविनः सुमनसः कोमलचित्ता आदृतो ऽङ्गीकृतो धर्मस्य सुकृतस्योपदेशः ज्ञापनं यैस्ते धर्मोपदेशादृताः। 'वाहिताग्न्यादिषु'

4 वाञ्छेश्वरकविः – ते.
5 काव्यप्रकाशे १.२.
6 काव्यप्रकाशे १.१४.

इति परनिपातः। सन्तु भवन्तु। अत्र समस्तजगतः स्वस्तिप्रार्थनया स्वस्यापि तदन्तःपातिनः चिकीर्षितग्रन्थपरिसमाप्तिरूपाभिलषितप्राप्तिरपि प्रार्थिता भवति। तथाविशेषेण सर्वप्राणिसंबन्धिस्वस्तिप्रार्थनया 'विद्याविनयसंपन्ने'[7] इत्यादि भगवद्वचनोक्त[8] द्वेष्यप्रियसाधारणसमत्वरूपब्रह्मनिष्ठत्वगुणःकवेर्व्यज्यते।द्वितीयपादेन च सतां निरस्तदुरितानां श्रेयोमात्रप्रार्थनाया अकिंचित्करत्वान्निरतिशयानन्दरूपपरमपुरुषार्थप्राप्तिरेव प्रार्थनीयेति व्यज्यते। एवं पूर्वार्धेन प्रार्थितार्थस्य राजाधीनत्वाद्राज्ञो मतिभ्रंशो सति जगतां कल्याणाप्रसक्तेस्तपःस्वाध्यायादिलोपेन साधूनामपि तन्मूलकसुखातिशयाप्रसक्तेस्तदुभयसिद्ध्यर्थं तृतीयपादेन राज्ञां धर्मप्रवणता प्रबन्धपरमतात्पर्यविषयीभूता प्रार्थितेति ज्ञेयम्। राज्ञां धर्मिष्ठत्वमपि सचिवाधीनमिति तेषामैकमत्येन धर्मद्रष्टृत्वाभावे राज्ञस्तदनुपपत्तेः चतुर्थपादेनामात्यादीनामेव बह्वाशीः प्रार्थनमिति द्रष्टव्यम्। अत्र पूर्वार्धे 'शस्ता गुणस्तोमतः' इति वाक्यार्थस्य सुखप्राप्तिहेतुत्वात्, उत्तरार्धे धर्मोपदेशादृतपदार्थस्य दीर्घायुष्ट्वहेतुत्वाच्च वाक्यार्थहेतुकं पदार्थहेतुकं च काव्यलिङ्गमलंकारः[9]। तथा सकारतकारावृत्तिरूपव्यञ्जनानुप्रासस्य स्पष्टत्वात्तथा सं समिति स्वरानुप्रासवशाच्च छेकानुप्रासलाटानुप्रासावपि शब्दालंकारौ। तथा निर्दोषत्वं सगुणत्वं च बोध्यम्। तथा च 'काव्यं ह्यदुष्टौ सगुणौ शब्दार्थौ सदलंकृती' इति काव्यसामान्यलक्षणस्य 'वाच्यातिशायि व्यङ्ग्यं यदुत्तमं तद्ध्वनिश्च सः' इत्युत्तमकाव्यलक्षणस्य च संपत्तिः सुलभैवेत्यस्मत् कृतश्लेषार्थचन्द्रिकायां विस्तरः। अस्मिन्प्रबन्धे शार्दूलविक्रीडितं वृत्तं 'सूर्याश्वैर्मसजस्तताः सगुरवः शार्दूलविक्रीडितम्'[10] इति लक्षणात्।

2. एवं मङ्गलं कृत्वा स्वोपजीव्यराजपरंपराया आशिषं प्रार्थयते – य इति। सूर्यस्य रवेरिन्दोः चन्द्रस्य यो वंश अन्ववायः स उपमा यस्य स तादृशस्तस्मिन् विमले निष्कलङ्के ऽत्रास्मिन् प्रसिद्धे भोसलकुले भोसलसंततौ ये राजानो जाताः प्रादुर्भूताः ते राजानः। शिवानुग्रहादिति पूर्वश्लोकस्थस्यानुषङ्गः। चिरं जीवन्तीति तादृशाः सुखमेषामस्तीति तथोक्ताः संतानं पुत्रपौत्रादिरेषामस्तीति तथोक्ताः

7 विद्याविनयसंपन्ने ब्राह्मणे गवि हस्तिनि । शुनि चैव श्वपाके च पण्डिताः समदर्शिनः ॥ (भगवद्गीता ५.१८)

8 भगवद्वचनोक्तं – ते.

9 "समर्थनीयस्यार्थस्य काव्यलिङ्गं समर्थनम् ।" (कुवलयानन्दः 121)

10 वृत्तरत्नाकरे ९९.

सन्तु भवन्तु। एवं राज्ञामाशिषं संप्रार्थ्य तदमात्यानामप्याशिषं प्रयुङ्क्ते – य इति। तद्वंशस्य भोसलवंशस्य परम्पराया यः क्रमः पौर्वापर्यं तद्वंशात् तदनुरोधात्। अस्यायममात्यः, तत्पुत्रस्य तदमात्यपुत्रः सचिवः, तत्पुत्रस्य तत्पुत्र इति रीत्येत्यर्थः। ये सभ्याः सभासदः[11] समभ्यागतास्ते ऽमात्या राज्ञां कटाक्षा ऊर्मय इव तरङ्गा इव।[12] 'भङ्गस्तरङ्ग ऊर्मिर्वा' इत्यमरः। कटाक्षोर्मयस्तैः प्रथमानौ वर्धमानौ मानविभवौ संमाननैश्वर्ये येषां ते तादृशाः सन्तु। अनेन स्वस्यापि राजामात्यपरम्परान्तर्गतस्य प्रथमानमानविभवत्वं प्रार्थितमिति सूचितम्। अत्र विमल इति विशेषणाद्राजकुलस्य चतुर्दशराजदोषरहितत्वं प्रतिपाद्यते। सूर्येन्दुवंशसादृश्याद्राज्ञां धार्मिकत्वपराक्रमित्वादयो गुणा व्यज्यन्ते। कटाक्षोर्मिभिरित्यत्र कटाक्षाणामूर्मिसादृश्यप्रतिपादनादुपमालंकारः। तेन च कटाक्षाणां सभ्येषूत्तरोत्तरमाधिक्यं व्यज्यत इत्यलंकारेण वस्तुध्वनिः। तद्वंशपरम्पराक्रमवशात् सभ्या इत्यनेन सभ्यानामपि संतानवृद्धिर्व्यज्यते। तेषां सभ्यपदेनोपादानाद्वेदशास्त्रसंपत्तिरात्मगुण-संपत्तिश्च ध्वन्यते।[13] यथाह याज्ञवल्क्यः –

'श्रुताध्ययनसंपन्नाः सप्त पञ्च त्रयोपि वा। राज्ञा सभासदः कार्या रिपौ मित्रे च ये समाः।।'[14] इति। न चास्य व्यवहारप्रकरणस्थत्वाद्व्यव-हारपरिच्छेत्तृविषयत्वं मन्तव्यं सर्वत्रापेक्षितस्य प्रकरणलाघवेनैकत्र प्रतिपादितत्वात्।

3. स्वस्य महिषप्रबन्धकारणे निमित्तं वदन् तदुपोद्घाततयादौ कृषिं प्रशंसति – नानाजीति। नानाजिर्धार्मिकश्रेष्ठो ऽमात्यः प्रभुचन्द्रभानू राजा शाहजीन्द्रः प्रख्यातो राजानन्दरायस्तदमात्यः प्रसिद्ध एत आदयो मुख्या येषां त एतादृशा विद्वांसो ज्ञानिश्रेष्ठाः श्रिता आश्रिता ये सुधियः पण्डितास्तेषां संदोहः समूहस्तस्य जीवातवो जीवनौषधरूपाः। 'जीवातुर्जीवनौषधम्' इति विश्वः। प्रभवो गताः स्वस्वतपोविशेषैः प्राप्यान् शिवलोकादीनिति शेषः। इदानींतना अद्यतनाः प्रभवस्तु वृषलाश्च ते ऽसभ्याश्च पूर्वोक्तसभ्यलक्षणरहिता हि यस्मात्कारणाद्विद्यायां श्रुतिस्मृतिपुराणादिविद्यायां विषबुद्धयः

11 समागताः – ते.

12 वाक्यमिदं न दृश्यते – ते.

13 यदाह – ते.

14 याज्ञवल्क्यस्मृतिः २.२

विषमिति बुद्धिर्येषां ते तथोक्ताः। सन्तीति शेषः। किं कुर्वे किं करोमीति खेदे। हे अम्ब मातेव रक्षणशीले। कृषे। विश्वावनीं विश्वस्य प्रपञ्चस्य प्राणिमात्रस्येति यावत्। अवनीं रक्षणीं त्वामेव शरणं रक्षित्रीम्। 'शरणं गृहरक्षित्रोः' इत्यमरः। व्रजामि भजामि। 'शूद्रं यत्नेन वर्जयेत्'[15] इति शूद्राधिकारस्य धर्मशास्त्रनिषिद्धत्वेन पण्डितानां शूद्राधिकृतदेशे संमानाद्यभावेन जीवनासंभवात्तस्मिन्देशे सर्वेषामपि कृष्यैव जीवनं भवतीत्यर्थः। अत्र विश्वाावनीमिति साभिप्रायविशेषणात् परिकरालंकारः।

4. ननु कृषेर्नीचवृत्तित्वाच्छ्रुत्यादिप्रमाणाभावाच्च न युक्तं कृषिकर्मेत्यत आह – अक्षैरिति। 'अक्षैर्मा' इति श्रुतिर्वेदः श्रुतिपथं श्रवणपथं प्रायः प्रायेण न प्रविष्टा किम्। इयं श्रुतिर्न श्रुता किमित्यर्थः। एतादृशश्रुतिश्रवणे सतीयमाशङ्का न जायत इत्यर्थः। 'अक्षैर्मा दीव्यः कृषिमित्कृषस्व वित्ते रमस्व बहुमन्यमानः'[16] इति श्रुतिः ऋग्वेदे शाकलशाखायां सप्तमाष्टके ऽष्टमाध्याये पठिता। अक्षैर्देवनैः मा दीव्यः द्यूतं मा कार्षीः। तर्हि जीवनं कथं। तत्राह – कृषिमित् कृषिमेव। इच्छब्दो ऽवधारणार्थः छन्दसि दृष्टः। कृषस्व कुरुष्व। तथा च तद्द्वारा जीवितव्यमिति भावः। कृषिं कुर्वन् बहुमन्यमानः बहुभिर्लोकैः संभाव्यमानः सन् वित्ते धनधान्यादिरूपे रमस्व क्रीडस्वेति श्रुत्यर्थो बोध्यः। एतादृशश्रुत्यर्थस्य प्रत्यक्षसंवादमप्याह – सौख्यमिति। हलजीविनां लाङ्गलजीविनामनुपमं[17] समानरहितं सर्वोत्तमं सौख्यं हे भ्रातर्न पश्यसि किम्। पश्यस्येवेत्यर्थः। भ्रातरिति प्रमाणप्रष्टारं प्रति संबुद्धिः। तदपि तथापि क्षितीश्वराणां राज्ञां बहिर्द्वारं द्वाराद्बहिर्विद्यमाना या प्रकोष्ठस्थली प्रदेशविशेषः तत्र दीर्घावस्थितिरेव रौरवसंज्ञकं नरकं तस्मै स्पृहामिच्छां कुरुषे करोषि। किं वक्ष्ये किं कथये। यदेतादृशश्रुतिलोकानुभवयोः सतोरपि कृषिं परित्यज्य दुष्प्रभूपसर्पणे यत्नं करोषीति भावः। हा हन्त हन्तेति खेदातिशये। दीर्घावस्थितिरौरवायेति रूपकालंकारः।

5. ननु श्रुतितात्पर्यस्य सर्वज्ञर्षिमात्रसमधिगम्यतया केवलं श्रुतिं दृष्ट्वा कृषिग्रहणं न युक्तम्। किं चोक्तश्रुतेर्वैश्यादिपरत्वेनाप्युपपत्तेर्न ब्राह्मणपरत्वं नापि प्रत्यक्षसुखदर्शानात् प्रवृत्तिः कलञ्जभक्षणादावपि प्रत्यक्षसुखसत्त्वेन तत्रापि शिष्टप्रवृत्त्यापत्तेरित्यत आह –

15 'शूद्रस्य शुभं नास्ति शूद्रं यत्नेन वर्जयेत्'

16 बहुमन्यमानाः – ते.

17 पदमिदं न दृश्यते – ते.

दुर्भिक्षमिति। कृषितः कर्षणाद्धेतोर्दुर्भिक्षं क्षामं न हि भवतीति जगति भूतले ख्यातं किल प्रसिद्धं किल? लोके कृषिं कुर्वतां दारिद्र्यम् नश्यतीत्यर्थः। ब्रह्मणां ब्राह्मणानामापद्धर्मतयापदि जीवनलोपे धर्मतया मनौ मनुस्मृतौ च कृषिगोरक्षादिकं कृषिपाशुपाल्यादिकं संमतमङ्गीकृतम्। तथा च श्रीमद्भागवते वर्णधर्मप्रकरणे[18] – 'वार्ता विचित्रा शालीनयायावरशिलोञ्छनम्। विप्रवृत्तिः चतुर्धेयं श्रेयसी चोत्तरोत्तरा।।' वार्ता विचित्रा कृष्यादिरूपा। वृत्तिष्वेव व्यवस्थां दर्शयन्नापद्वृत्तीराह – 'जघन्यो नोत्तमां वृत्तिमनापदि भजेन्नरः। ऋते राजन्यमापत्सु सर्वेषामपि[19] सर्वशः।।' इत्यापद्धर्मतया भागवतोक्तिर्द्रष्टव्या। मनुरपि[20] – 'षट्कर्मैको भवेत्तेषां त्रिभिरन्यः प्रवर्तते। द्वाभ्यामेकश्चतुर्थस्तु ब्रह्मसत्रेण जीवति।।' इति। एकः शालीनः याजनाध्यापनप्रतिग्रहकृषिवाणिज्यपाशुपाल्यैः षड्भिर्जीवति। याजनादिभिस्त्रिभिरन्यः। द्वाभ्यामपरः। चतुर्थस्त्वध्यापनेनैवेत्यर्थः। तथा च नेयं श्रुतिर्वैश्यपरा। भागवतमनुवचनाभ्यामुक्तश्रुतितात्पर्यस्य ब्राह्मणादिसाधारणधर्मविषयकत्वेन निर्णीतत्वान्न पूर्वोक्तशङ्कावकाश इति भावः। भूपेष्वर्थपरेषु अर्थलोलुपेषु सत्सु समये काले दुर्भिक्षतः क्षुण्णे बाधिते पीडिते सति च वृत्त्यर्थं जीवनार्थं कृषिमाश्रयेम भजेम। भुवि भूमौ नो ऽस्माकं ततः कृष्याश्रयणात्किं वा हीयते त्यक्तं भवति। न किमपीत्यर्थः।

6. ननु प्रभुनिकटे विद्याया अनुपयोगे ऽप्यध्यापनादिना विद्याजीवनं शास्त्रसंमतम्, तदेव कुतो न कृतमित्यत आह – आर्येति द्वाभ्याम्। आर्यो यः श्रीधरः श्रीधरनामा महापण्डितः अम्बुदीक्षितो ऽग्निहोत्रसोम-यागादिनित्यनैमित्तिकानुष्ठाननिरतः षड्दर्शनीवल्लभः। ताविमौ महापण्डितौ दृष्ट्वा विद्यायै न स्पृहये नेच्छामि। 'स्पृहेरीप्सितः' इति संप्रदानत्वम्। तयोर्याजनाध्यापनशीलयोरपि दारिद्र्यपीडितत्वादिति भावः। यद्यपि क्षात्रं क्षत्रवृत्तिः प्रजापालनराज्यसंपादनादि वरं श्रेष्ठम्। तत्र संपत्समृद्ध्या जीवनं भवतीति भावः। तथा ऽप्याहवाद्युद्धाद् बिभेमि भयं प्राप्नोमि। 'भीत्रार्थानां भयहेतुः' इत्यपादानत्वम्। तर्हि निर्भयत्वाद्वाणिज्यं कार्यमित्याशङ्क्याह – वाणिज्यमिति। वाणिज्यं मूल्येन क्रयविक्रयद्रव्यसंप्रयोगादिकं धर्मशास्त्रप्रसिद्धं निरुपद्रवमिति शेषः। तत्रापि स्वस्याप्रवृत्तिहेतुमाह – धनमूलकमिति।

18 भागवते ७.११.१६-१७.
19 एव – ते.
20 मनुस्मृतौ ४.९ । षट्कर्मैको भवत्येषामिति तत्र पाठो दृश्यते।

धनं सुवर्णादिकं मूलं मूलकारणं यस्य तत्तादृशम्। अनेन स्वस्य धनसंपत्त्यभावेन तन्न युज्यत इति सूच्यते। तत्तस्मात्कारणादखिलं पूर्वोक्तं विद्याक्षात्रवाणिज्यादिकं त्रैवर्णिकमुख्यधनागमनिमित्तं त्यक्त्वा त्वां लुलायप्रभुमाश्रितः। नान्यद्विद्यादिकमिति भावः। लुलायाश्रयेण किं भविष्यतीत्यत आह – हे लुलायप्रभो त्वं विद्या विद्याकार्यकारी विद्याशब्दस्य विद्याकार्ये लक्षणाङ्गीकारात्। त्वमेव धनं धनकार्यसुखादिकारित्वात्। सकलं क्षात्रवृत्त्यादिकमपि त्वमेवेत्यर्थः। क्षात्रवृत्त्यादौ भयमुपपाद्य त्वमेव सर्वकार्यकारीत्युक्त्या महिषमूलककृष्यादौ भयादिदोषप्रसक्तिर्नास्तीत्याशय आविष्कृतः। तथा च विद्यार्जनस्य मुख्यस्यासंभवान्नीचवृत्तिरपि कृषिराश्रयणीयेति भावः।

7. पूर्वश्लोकप्रतिपादितविद्याजीवनासंभवमेव स्पष्टयति – विद्येति। श्रीधरः श्रीधराख्यः सुधीः पण्डितो विद्या वेदादिः सैव पण्यं क्रय्यं वस्तु तस्य विशेषविक्रयेण द्रव्यदानानुरूपाध्यापनेन। येन बहु द्रव्यं दीयते स बह्वध्याप्यते येन त्वल्पं स त्वल्पमध्याप्यत इति विशेषविक्रयपदसूचितार्थः। वणिग्वैश्यो जातः संपन्नो वाणिज्यस्य वैश्यधर्मत्वादिति भावः। अम्बुमखिनः अम्बुदीक्षितस्य स्वन्नं सुष्ट्वन्नं शाल्योदनादिकं स्वर्णं काञ्चनमभूत्। तस्याम्बुमखिनः षड्दर्शनीं षण्णां दर्शनानां समाहारः षड्दर्शनी तां धिग्यद्धोक्तुमन्नमपि दुर्मिलं किं तस्य षड्दर्शन्येति भावः। तत्सहाध्यायिनः स्वस्य दशामाह – कुट्टिकविः स्वयं दुर्धनिनां दुष्टधनिकानां गृहद्वारेषु बहिः प्रदेशेषु निद्रायते स्वपितीति ख्यातः। तत्सर्वं त्रयाणामप्येतादृशं दुःखं दौर्भाग्यस्य दारिद्र्यस्य धाम्नः स्थानभूतया महिषेश्वरस्य लुलायराजस्याननुसृतेरनुनयाभावस्य फलं प्रयोजनम्। तस्मादध्यापनेन जीवनं न संभवतीति भावः। तदुक्तं शास्त्रनिर्णये – 'कपिलस्य कणादस्य गौतमस्य पतञ्जलेः। व्यासस्य जैमिनेश्चैव दर्शनानि षडेव तु।।' इति।

8. ननु स्वदेशे विद्याप्रयोजनाभावे ऽपि देशान्तरेषु विद्याधिक्यसंभवात्तत्र गत्वा सुखेन स्थेयमित्यत्राह – विद्वन्निति। हे विद्वन् श्रीधरार्य साहसं बलात्कारकार्यम्। 'साहसं तु बलात्कारकृतकार्ये दमे ऽपि च' इति विश्वः। मा कुरु न कुरुष्व। ते यद्धितं सुखकरं तद्वक्ष्यामि ब्रवीमि, शृणु। कामानामभिलषितानां धनधान्यादीनां दातारं नृणां पुरुषाणां निर्व्याजबन्धुमनिमित्तोपकारिणं सैरिभपतिं लुलायप्रभुम्। 'लुलायो महिषो वाहद्विषत्कासरसैरिभाः' इत्यमरः। त्यक्त्वा परित्यज्य ज्वरस्य तापरोगस्य आलयं श्रीरङ्गेत्यभिधा

संज्ञा यस्य पत्तनस्य जनपदस्य तादृशं श्रीरङ्गपत्तनमित्यर्थः। मा गाः न गच्छ। कुत इत्याह – दूरे दूरदेशे तत्र संपद्रूपा श्रीर्लक्ष्मीः। श्रूयत इति शेषः। यद्वा दूरे श्रीः चिरकालसाध्येत्यर्थः। निकटे श्रीरङ्गपत्तनसमीपप्रदेशे यद्वा निकटे झटितीत्यर्थः। कृतान्तस्य यमस्य यो महिषो वाहनभूतस्तस्य या ग्रीवाबद्धा घण्टा तस्या रवः शब्दः। श्रूयत इति शेषः। तथा च तत्र ज्वररोगाधिक्याद्वैदेशिकानां पण्डितानां तत्र धनार्जनार्थं गमनमनुचितमिति भावः। अत्र श्रीरङ्गपत्तनस्य[21]ज्वराधिक्यप्रतिपादनेनेतरदोषाभावस्तत्रत्यप्रभोर्विद्यापक्षपातित्वं [22]तत्रत्यपण्डितानां विद्याजीवनं च व्यज्यते। ज्वरस्यालयमित्यत्र परिकरो ऽलंकारः। साहसमित्यस्योत्तरवाक्यैः समर्थनात् काव्यलिङ्गालंकारः।

9. एवं पूर्वोक्तरीत्या विद्याजीवनासंभवमुपपाद्य कृषिरेव कर्तव्येति श्रुतिस्मृतिप्रत्यक्षार्थपत्तिभिर्निश्चित्य तन्मुख्यसाधनं महिषं वर्णयितुं तस्य प्रभुत्वमुपपादयंस्तद्द्वारा कृत्याकृत्यविवेकशून्यानामन्यायार्जितवित्तानां शिष्टंमन्यदुर्विदग्धानां मूढानां राज्ञां चरितोपदेशरूपमेतत्प्रबन्धप्रयोजनमाह – यमिति। यं पुरुषं यो नरो रक्षति पालयति तस्य स रक्षकः प्रभुरिति हि यस्मात्कारणात्स्पष्टं प्रसिद्धम्। तदिति शेषः। तस्मात्कारणात् मद्रक्षिणो मत्पालकान् राजश्रिया राजलक्ष्म्या युक्तान्महिषान्महिषाख्यप्रभून्विनुत्य विशेषेण स्तुत्वा वाग्वैभवं साहित्यप्रागल्भ्यमद्येदानीं सफलं सप्रयोजनं कुर्वे करोमि। मत्पीडायां मदीयहिंसायां निरतान्प्रवृत्तान् मदीयमहिम्नो मत्प्रभावस्य यदभिज्ञानं परिचयः तेन शून्यान्रहितान्प्रभून्यन्निन्दामि तद्दूषणं निशम्य श्रुत्वा गुणविदः सद्गुणग्राहिणः सन्तः श्रेष्ठाः नृपा राजानस्तुष्यन्तु संतुष्यन्तु। अनेनैतद्ग्रन्थप्रयोजनं दुष्टानां सन्मार्गप्रवृत्तिरूपं दर्शितं बोध्यम्। अत्रापि निन्दायां हेतूपन्यासात् काव्यलिङ्गमलंकारः।

10. ननु महिषस्य सर्वलोकनिन्द्यस्य स्तुतिरूपप्रबन्धकरणापेक्षया मुग्धानां प्रत्यक्षहितोपदेश एव युक्त इत्यतो द्रोहप्रवणचित्तानां खलानां हितोपदेशो न फलिष्यतीत्याह – कंचिदिति। पशूनां चतुष्पदामधमं निकृष्टं विगुणं शोभनगुणहीनं त्वामालम्ब्य विषयीकृत्य शतं प्रबन्धान् शतं श्लोकान्कर्तुं रचयितुं समुत्सहे संतोषयुक्तो भवामि। तत्प्रबन्धकरणं वर्ण्यस्य महिषस्य माहात्म्यतः प्रभावाद्धेतोर्न खलु।

21 पट्टणे – ते.
22 तत्र – ते.

संभवतीति शेषः। विगुणत्वपश्वधमत्वादिना वर्णयितुमयोग्यत्वादिति भावः। तर्हि किमिति प्रवृत्तिः? अत आह – मद्द्रोहे मदीयापकारे प्रवणो जागरूको यो ऽधिकारिहतकः खलाधिकारी तस्य निन्दनं दूषणमेव व्याजस्तस्मात्तत्प्रभुषु खलाधिकार्यपेक्षया किंचिदधिकेषु तत्प्रभुषु तदपेक्षया किंचिदधिकेषु च दुष्टाधिकारिषु वाग्रूपो यो दण्डः शिक्षा मया पात्यते क्षिप्यते। मूर्खाणां हितोपदेशस्य सर्वथा दुष्करत्वात्साक्षाद्धर्मोपदेशो न संभवतीति निकृष्टवर्णनद्वारैव खलाः सन्मार्गे प्रवर्तनीया इति भावः।

11. ननु महिषस्तुत्या तेषां व्याजनिन्दाकरणे राज्ञां धार्मिकाणां तत्र रोषः स्यात् तथा च पण्डितेषु क्रोधातिशय एव स्यादित्याशङ्क्य बुद्धिमतां राज्ञामेतत्प्रबन्धः संतोषायैव भवतीत्याह – श्रुत्वेति। ये गुणग्राहिणः सद्गुणपक्षपातिनो भूपास्त इमं महिषशतकप्रबन्धं श्रुत्वा कविमुखात्कविमुखनिर्गतश्लोकाद्व्यङ्ग्यमर्यादया ध्वनिमार्गेण निजाः स्वीया ये दुर्गुणाः प्रजाहिंसाप्रदाः तान्बुद्ध्वा ज्ञात्वा निजा आत्मीयाः प्रजा अपत्यानीव प्रजा विषयवासिनीर्यथाधर्मं धर्ममनतिक्रम्य वर्णाश्रमधर्माविरोधेनेत्यर्थः। रक्षितुं पालयितुं स्वकुलक्रमागतान् स्वकीयवंशपरम्पराप्राप्तान् देशस्य राज्यस्याधिकारे पालन उचितान्योग्यान्कुर्वन्तु। अनेन राज्ञः प्रामाणिकत्वे ऽपि तत्परिसरवर्तिनो ऽधिकारिणः खला इति सूच्यते। तथा च राज्ञो ऽपि हितोपदेशरूपत्वान्नैतत्प्रबन्धे राज्ञो द्वेष इति भावः।

ननु राज्ञो गुणपक्षपातित्वे खलानां देशाधिकारः केन दत्त इत्याशङ्क्य धार्मिकवेषेण देशाधिकारं गृहीत्वा ब्राह्मणद्रोहे प्रवर्तमानान्खलान्न राजा [23]जानातीत्याह –

12. राजेति। राजा नृपो मुग्धा मनोज्ञा मतिर्बुद्धिर्यस्य स तादृशः। ततो ऽपि तदपेक्षया ऽपि सचिवा अमात्याः। मुग्धमतय इति विपरिणतस्यानुषङ्गः। तान्राजतदमात्यादीन्वञ्चयन्तः सर्वोत्तमधार्मिकवेषेण प्रतारयन्तः। अनेन राजतदमात्यानां[24] मुग्धमतित्वात्तेषां सत्सङ्गे सति दुष्टान् दूरीकुर्युरिति सूचितम्। खला दुष्टा देशद्रोहे राज्यक्षोभे परा उत्कृष्टाः सदैव सर्वदैव वृषलाः शूद्रप्रायाः। शूद्रालापगात्रस्पर्शभोजनकालसंभाषणादिभिरिति भावः। सर्वापहारे प्रजासर्वस्वहरण उद्यता उद्युक्ताः। सन्तीति शेषः। वञ्चयन्त इत्यनेन खलैः प्रतारितेन राज्ञा ऽधिकारो दत्त इति सूचितम्।

23 जानीते – ते.
24 अमात्ययोः – ते.

हे सैरिभ त्वं चोलदेशे कृषिः कर्षणं तस्या आशामिच्छां मा कुरु मा कार्षीः। कुत इत्यत आह – अतः परं खलाधिकारानन्तरं मे ममान्ततः सर्वस्वनाशादलमल्लकं कौपीनं शिष्टम्। तदतिरिक्तं कृत्स्नमधिकारि भिर्लुण्ठितमित्यर्थः। 'अलमल्लकं स्यात्कौपीनम्' इति निघण्टुः। हे भ्रातः सैरिभ तव तदपि नास्ति। महिषस्य सर्वदा नग्नत्वादित्याशयः। अत्र 'सह्यसागरयोर्मध्ये श्रीकाञ्चीसेतुमध्यगः। हालास्यत्यागराजान्तः चोलदेश इति स्मृतः॥' इति ब्रह्माण्डपुराणोक्तः चोलदेशो [25]बोध्यः।

खलकृत्यवर्णनपुरःसरं [26]राजामात्यप्रतारणप्रकारमेव सम्यङ्निरूपयन्खलान्निन्दत्येकादशभिः–

13. धान्यमिति। धान्यं व्रीह्यादिकं धनं सुवर्णादिकं वा समधिकं कृत्वाहमहमिकया शतभारपरिमितधान्योत्पादकक्षेत्रे शतद्वयपरिमितधान्यं प्रभूणां दास्यामीत्यादि प्रतिज्ञायेत्यर्थः। मिथः परस्परंस्पर्धयाकलहेनमिथ्यायांमिथ्यावादेसाहसिनःसाहसंहठात्कारं कुर्वन्तो वृषलाः देशधिकारस्य राज्याधिकारस्याशयेच्छयोत्कोचेन गूढप्रदानेन नृपान्तिके राजसमीपे [27]स्थितान्वर्तमानाञ्जनान् लोकानभ्युपेत्य प्राप्य वश्यान्स्वाधीनान्विधाय कृत्वा प्रजानां विषयवासिजनानां सर्वस्वं धनधान्यवस्त्रादिकं प्रसभं हठात्कारेण हरन्ति गृह्णन्ति ते शूद्रप्रायाः कालस्य यमस्यान्तिकं समीपं यान्तु गच्छन्तु।

14. चौर्यमिति। कृषीवलस्य कृषिः कर्षणमस्ति यस्य स तादृशस्तस्य 'रजःकृष्यासुति' इति वलच्। 'वले' इति दीर्घः। कर्षकस्य चौर्यं नाम धान्यतृणाद्यपहाररूपं सहजः स्वभावसिद्धो धर्मः। हि यस्मात्कारणाच्चोलेषु चोलदेशेष्ववृत्त्यन्तरैर्वृत्त्यन्तररहितैर्द्विजसत्तमैर्ब्राह्मणश्रेष्ठैरनुचिताप्ययुक्तापिसाकृषिरङ्गीकृतास्वीकृता। तस्मात् कर्षकस्य धान्यादिचौर्यं स्वाभाविकमेवेत्यर्थः। कथमन्यथा ब्राह्मणोत्तमाः कृषिं कुर्युरिति भावः। तानेतान्पूर्वोक्तद्विजोत्तमान् दुःश्रवैर्दुःखेनापि श्रोतुमशक्यैर्भाषितैर्निन्दितक्रूरशब्दैरकरुणा निर्दयाः सन्तो ये वृषलाः शपन्त्यधिक्षिपन्ति ये वा [28]शूद्रप्रेरितास्तान्ब्राह्मणश्रेष्ठान्प्रहरन्ति ताडयन्ति तेषां क्रूराणां मुखकरमधिक्षेपसाधनं मुखं

25 द्रष्टव्यः – ते.
26 तानेवखलान्निन्दत्येकादशभिः – ते.
27 स्थितान् जनान् – ते.
28 शूद्रप्रेरिता इति न दृश्यते – ते.

प्रहारसाधनं करादिकं च। प्राण्यङ्गत्वादेकवद्भावः। [29]कृमीणां कीटानां पदं स्थानं भूयादस्तु।

15. विद्येति। विद्यया वेदशास्त्रात्मिकतया जीवनस्य [30]शास्त्रीयस्य याजनाध्यापनरूपस्य कुण्ठनेन विघ्नेन च कृषावालम्बितायामङ्गीकृतायां सत्यां चिराद्बहुकालादा समन्तात्पक्वे फलिते कणिशे सस्यमञ्जर्याम्। 'कणिशं सस्यमञ्जरी' इत्यमरः। कुतो ऽपि देशात् पिशुनाः पैशुन्येन जीवन्तः केदारं क्षेत्रमावृण्वते समन्ततः परिवेष्टन्ते। किं वच्मि किं वक्ष्यामि। हा इति खेदे। के ते पिशुना इत्याकाङ्क्षायामाह सुभाहवालुमणियमित्यादयो दक्षिणदेशे ऽधिकारसंज्ञाः प्रसिद्धाः। निर्दया निष्करुणा एतत्संज्ञकाधिकारिण आवृण्वत इति पूर्वेण संबन्धः।

तानेव सुगुणानाह –

16. मुग्धानिति। रमया लक्ष्म्या [31]यो मदो गर्वः [32]स एव मषी मलिनं वस्तु तया दिग्धाश्छुरिता धनमदेन तिरोहितान्तःकरणा इति यावत्। तादृशानन्वहं प्रत्यहं[33] जग्धौ भुक्तौ यब्धिषु निधुवनेषु स्निग्धैर्मित्रैः खलैः[34] दग्धो नाशितः बुद्धेर्ज्ञानस्य विभवो माहात्म्यं येषां ते तादृशान्धनिकान्मुग्धान्मूढान्[35] धिक्। तर्हि को वा [36]धन्य इत्यत आह – भुवने लोके[37] धन्यं कृतार्थं सैरिभं कासरमेकमेव मुख्यमेव धन्यं धनवन्तं मन्ये नान्यं मनुष्यमित्यवधारणार्थः। अन्यैः सैरिभेतरैर्नृपै राजभिः किं प्रयोजनम्। [38]तत्र हेतुमाह – यः सैरिभः धान्यैर्धनैश्च स्वश्रमार्जितैर्जनान्[39] सर्वोपकारक्षमः सर्वेषामुपकाराणां कृषिभारवहनशकटाकर्षणादिरूपाणां [40]क्षमः शक्तः सन् रक्षति पालयति। तथा च शिश्नोदरपरायणान्मूढान्परित्यज्य सैरिभानुवर्तनमेव युक्तमित्यर्थः।

29 क्रिमीणां – ते.
30 शास्त्रीयवर्णनस्य – ते.
31 य इति न दृश्यते – ते.
32 स इति न दृश्यते – ते.
33 अन्वहं प्रत्यहमित्यन्यत्र दृश्यते – ते.
34 साकमित्यधिकम् – ते.
35 अन्वहं प्रत्यहमित्यत्र दृश्यते – ते.
36 श्रेष्ठ – ते.
37 भुवने लोक इति न दृश्यते – ते.
38 मनुष्यं इत्यारभ्य एतावत् पर्यंतं अत्र न दृश्यते – ते.
39 रक्षतीत्यधिकम् – ते.
40 शक्तश्च तथा च – ते.

17. मत्ता इति। वित्तमदैर्धनमदैः मत्ताः गर्विष्ठा दुराग्रहमहमेव सर्वोत्तम इत्याग्रहमभिमानं बिभ्रतीति तथोक्ताः। चण्डालरण्डायाः नीचस्त्रियः सुता अपत्यरूपाः संकरजातीया इत्यर्थः। अन्यथा कथमेतादृशं ब्राह्मणद्रोहं कुर्युरित्यर्थः। ये ऽमी दुर्धनिका अन्यायार्जितवित्तास्ते दुष्टधनिका नितान्तमत्यन्तं परुषव्याहारे कटुभाषणे कौलेयकाः शुनकाः। 'कौलेयकः सारमेयः कुक्कुरो मृगदंशकः' इत्यमरः[41]। श्ववत् कटुतरं भाषन्त इत्यर्थः। तेषां खलानां वक्त्रविलोकनान्मुखदर्शनात् हे महिषेन्द्र तव स्थूलो महान्यो ऽण्डकोशस्तस्य वृषणस्येक्षणं दर्शनं वरं श्रेष्ठम्। तत्र हेतुमाह – येन कारणेन अण्डकोशेक्षणेन प्रायेण प्रायशः मृष्टाशनमुत्तमभोजनं लभ्यते प्राप्यते। जनैरिति शेषः। लाङ्गलहस्ताः कर्षका हि महिषस्य पृष्ठभागं पश्यन्तः कर्षन्ति कृष्यार्जितान्नसूपशाकशाल्योदनादिकं सुखेन भुञ्जते न तु दुष्टधनिकाश्रिता इति भावः। अत्राप्यण्डकोशेक्षणं वरमित्यत्र हेतूपन्यासात् काव्यलिङ्गमलंकारः[42]।

18. देहमिति। स्वं देहं शरीरं परिदग्ध्य [43]अतीव क्लेशयित्वा भवता त्वया हि यद्धनं धान्यं वार्जितं संपादितं तत्सर्वं स्वकीयं यथा स्वपित्रार्जितमिव सुभेदाराः प्रसभं बलात्कारेण हरन्ति। तत्र हरणे हेतुरयमेव वक्ष्यमाण एव किल मया ज्ञातः हे महिष श्रूयताम्। हि यस्मात्कारणात् पुत्रा एव पितुर्धनमखिलं प्रेम्णा प्रीत्या वा बलाद्वा हरन्ति गृह्णन्ति। तस्मात्त्वत्पुत्रा एते सुभेदारास्त्वत्संपादितधनहारित्वादिति भावः।

19. उन्मत्ता इति। द्रविणं द्रव्यमधिकारो देशाधिकारः तयोर्वशत उन्मत्ता उद्दामाः दुर्गुणैर्दम्भाहंकारादिभिः स्तम्भंगताः स्तब्धाः। कृत्याकृत्यविवेकशून्या इत्यर्थः। वृषलानां शूद्राणामीशतः श्रेष्ठात् संजाता उत्पन्ना विरचितान्यायाश्च [44]कृतदुर्नयाश्च ते ऽविभूत्या[45] विरुद्धैश्वर्येण। लोकविद्वेषं संपाद्येत्यर्थः। आदृता युक्ताश्च तादृशाः शृङ्गं विषाणमिति वाद्यविशेषं बिभ्रतीति तादृश संप्रतिनो ऽधिकारिविशेषाश्च सुभेदाराश्चैतेषामधमा नीचाः केचित् हे कासर भवतो ज्येष्ठाः किमिमे खलाः, अथवा कनिष्ठाः। महिषपक्षे द्रविणे बले अधिकारवशात् प्राधान्यवशात् दुर्गुणैर्दुष्पाशैः

41 वाक्यमिदं न दृश्यते – ते.
42 काव्यलिङ्गालङ्कारः – ते.
43 अतीवेति न दृश्यते – ते.
44 कृतदुर्णयाश्च – ते.
45 ते अतिभूत्या – ना.

स्तम्भं बन्धनशङ्कुविशेषं गताः प्राप्ताः। विरचितो ऽन्येषां स्वपालककर्षकाणामायः वित्तं येन स तथोक्तः। विभूत्यैश्वर्येण निमित्तेनादृतो ऽङ्गीकृतः। शृङ्गं विषाणं [46]बिभ्रतीति तादृश इति शब्दशक्तिमूलध्वनिः। न च श्लेषः शङ्क्यो ऽभिधायाः खलाधिकारिमात्र [47]विश्रान्तत्वात्[48]। संदेहो ऽलंकारः।

20. तृण्येति। तृणानां समूहस्तृण्या। समूहार्थे यत्प्रत्ययः। तस्या दानं च जलावगाहनं च तन्वाः शरीरस्य संघर्षणं च कर्दमादिनिरासेन श्लक्ष्णीकरणमित्यर्थः। आदिशब्देन जलपानादिकं गृह्यते। तेषां ये क्रमाः पौर्वापर्याणि तैः, हे सैरिभराजराज, भवतः चिरं बहुकालं सेवामकार्षं कृतवान्। ततः किं कार्यमित्याशङ्क्याह – अहं त्वेतावदतिस्वल्पमर्थये याचे। त्वदारोहिणं त्वदारूढं पितृपतिं यमं मद्द्रोहिणः मम द्रोहं कुर्वतः सुभेदारस्य संनिधिं समीपं क्षिप्रं द्रुतं नय प्रापय। त्वत्संपादितधनापहारेण त्वद्द्रोहे निरतस्याधिकारिणो ऽपकारः कर्तव्य एवेत्यर्थः।

21. क्षुदिति। हे कासरपते क्षुद्बाधां बुभुक्षाजनितश्रमं यदि यासि प्राप्नोषि तर्हीदं वक्ष्यमाणमाकर्ण्यतां श्रूयताम्। अस्माभिस्तृणीकृतान् तृणतया गणितान् सुभेदारानधिकारिविशेषान् सुखमनायासं यथा तथा भक्षय तव तृणाशित्वादिति भावः। तथा सत्येव महालोकोपकार इत्याह – निःसारान्नीरसानपराधस्य द्रोहस्य लेशेन कणेन रहितान् शून्यानेतान्पलालोत्करान् तृणसमूहान् नित्यं सार्वकालं भक्षयता त्वया लोकोपकारः क इव। कृत इति शेषः। भवेन्न को ऽपीत्यर्थः। निरपराधितृणसमूहभक्षणापेक्षया लोकद्रोहजागरूकखलभक्षणेन लोकोपकारो महान्भवेदिति भावः। काव्यलिङ्गमलंकारः ।

22. कर्षं कर्षमिति। वसुमतीं भूमिं कर्षं कर्षं कृष्ट्वा कृष्ट्वाहर्निशमहोरात्रं किं क्लिश्नासि किमर्थं खिद्यसे। अधुनातनैरिदानींतनैः सभ्यैः सभां प्रविष्टैः सह नृपस्य राज्ञः सभां नृपसभाम् 'सभा राजामनुष्यपूर्वा' इति नपुंसकत्वम्। त्वं सुखेनानायासेन आवसोपविश। मे मम ज्ञानं नास्ति कौशलं सामर्थ्यं नास्तीति व्यर्थां मतिं मा कृथाः मा कार्षीः। इमे सभ्यास्त्वत्तः

46 बिभ्रंतीति – ते.

47 श्रान्तत्वात् – ते.

48 'यदत्र प्रकृताप्रकृतश्लेषोदाहरणे शब्दशक्तिमूलध्वनिमिच्छन्ति प्राञ्चः तत्प्रकृताभिधान-मूलकस्योपमादेरलंकारस्य व्यङ्ग्यत्वाभिप्रायम्।' (कुवलयानन्दः पृ-99).

भवतो ऽपि मूढतमा अत्यन्तमूढास्तेषु मध्ये हि यस्मात्कारणात् त्वं वाचस्पतिर्बृहस्पतिर्भवसि।

एवं खलान्निन्दित्वा स्वस्य महिषप्राप्तौ निमित्तमाह–

23. तानिति। तान् पूर्वोक्तक्रूरकर्मयुक्तान्खलान्दुष्टान् चिरं बहुकालमाश्रित्योपसर्प्य मधुमुचा मधूद्गारिण्या वाचा च नुत्वा स्तुत्वा बहुश्रान्तो ऽतिखिन्नः विफलो निष्प्रयोजनः श्रमः सेवा यस्य तादृशः। तदुपरि तदनन्तरमहंद्राङ्मङ्क्षु वैश्यकर्म वाणिज्यमाश्रितः श्रितः। महिषमूल्यद्रव्यप्राप्त्यर्थमित्यर्थः। अद्येदानीं वैश्यवृत्तिसमाश्रयणानन्तरं शतं निष्काणि। निष्कमिति द्रव्यपरिमाणविशेषः। तानि वितीर्य दत्वा महिषाभिख्यान् महिषसंज्ञान्प्रभूनुपेत्य शतनिष्कैर्महिषं क्रीत्वेत्यर्थः। तैर्महिषप्रभुभिः सम्यगुत्तमप्रकारेण [49]परिरक्षितः संरक्षितः अहं कृतवित्कृतज्ञः सन् तान्महिषप्रभून् हर्षेण संतोषेण स्तौमि प्रशंसामि। अत्र कृतविदित्यादिसाभिप्रायविशेषणात् परिकरालंकारः।

24. त्वमिति। मया कतिपयैः पणैर्मूलद्रव्यैस्त्वं निजं स्वीयं कुटुम्बं कलत्रादिकं भर्तुं पालयितुं क्रीतो ऽसि क्रयवश्यो ऽसि। त्वं तु त्वमपि प्राक्पूर्वकाले ऽधमर्णतां पूर्वं धनग्राहकताम्। 'उत्तमर्णाधमर्णौ द्वौ प्रयोक्तृग्राहकौ क्रमात्' इत्यमरः। भजन्निव प्राप्त इव स्वं स्वकीयं वपुः शरीरं क्लेशयित्वा नानाधान्यानां नानाविधव्रीह्यादिनां समुद्भवैः प्रादुर्भावैः मां तथा निर्वृतं सर्वोत्तमसुखिनमकरोः कृतवान् तत्तस्मात्, हे महिष, अद्भुतैः श्रेष्ठैरुपकृतैरुपकारैर्मूल्यं विना क्रयं विनाहं क्रीतो ऽस्मि। त्वत्कृतोपकारैस्त्वद्वश्यो ऽस्मीत्यर्थः।

25. त्वं बद्ध इति। मद्गुणैर्मत्संबन्धिपाशैर्बद्धो ऽसि। अहं चाहमपि त्वद्गुणैः त्वदीयधनधान्यसंपादनरूपैर्बद्धो वश्यः। हे सैरिभोत्तमसखे सैरिभवरमित्र, त्वं मां रक्षसि, अहं त्वां रक्षामीत्येवंप्रकारेणान्योन्यकृतैः परस्पररचितैरुपकारैर्मुदितौ संतुष्टौ। आवां द्वावपि शरदां वत्सराणां शतं स्थास्यावः चिरं जीवावः। [50]न अस्माकं शत्रवो वैरिणो द्रुतं शीघ्रं नश्यन्तु म्रियन्ताम्।

एवं दुष्टाधिकारिणां स्वरूपं वर्णयित्वा कृषिमुख्यसाधनं महिषमेव स्तौत्यष्टादशभिः–

26. स्तोतुमिति। हे महिषाधिराज, सुगुणमव्याजोपकारिणं त्वां स्तोतुं प्रशंसितुं मम धीर्बुद्धिः दीदांसते इच्छति। त्वं च त्वमपि प्रबन्धवचसां

49 'परि' इत्युपसर्गो न दृश्यते – ते.

50 न इति न दृश्यते – ते

ग्रन्थवचनानांस्तुत्यतया प्रशंसनीयत्वेन योग्यो ऽसि किंनु। अन्वहंप्रत्यहं वित्तेन धनेन उन्मत्ता भ्रान्ताः। कृत्याकृत्यविवेकशून्या इति यावत्। नरेन्द्रा राजानस्तेषां ये दुर्गुणाः खलजनसंग्रहदुरभिमानित्वादयः तेषां या घटा समूहस्तस्या यो मिथ्यास्तवो ऽसत्प्रस्तुतिः तस्योपक्रमैः श्रमैः पर्युषिताभिः कलुषिताभिः वाग्भिर्वचनैः नुतिं स्तुतिं कुर्वे करोमि। क्षम्यताम्। अपराध इति शेषः। महाप्रभूणां नरस्तुत्यनन्तरं स्तुतेरयुक्तत्वात्तज्जनितापराधः संभवतीति भावः।

27. शम्बेति। कारुविशेषेत्यन्तं द्राविडभाषाप्रसिद्धधान्य-विशेषाः। सिद्धार्थः श्वेतसर्षपः 'सिद्धार्थस्त्वेष धवलः' इत्यमरः। अन्यत्स्पष्टम्। तं तं कालं तत्तद्धान्योत्पत्तिसमयमुपेत्य प्राप्य पूर्वोक्तधान्यविशेषान्निष्पाद्य जनयित्वा हे कासरपते, त्वं नो ऽस्मान्रक्ष पालय।

खलदोषास्त्वयि न सन्तीत्याह द्वाभ्याम् –

28. न ब्रूष इति। परुषं क्रूरं न ब्रूषे न वदसि। मृषावादान् अनृतोक्तीः न जल्पसि न कथयसि। गर्वेणाहंकारेण उन्नतिमौद्धत्यं न धत्से न वहसि। प्रत्युतापि तु लाङ्गले हले नियमितः बद्धः सन् स्वं वपुः स्वं शरीरं क्लेशयित्वा खेदयित्वा मर्त्यानां मनुष्याणामनुपाधिर्निरुपद्रवं यज्जीवनं तत्कृते तदर्थं त्वं कल्पसे समर्थो भवसि। हे कासर, एवं पूर्वोक्तरीत्या त्वयि सति विद्यमाने दुर्नृपान् दुष्टप्रभूननुसरनहं वञ्चितः, दैवेनेति शेषः। 'सिद्धमन्नं परित्यज्य भिक्षामटति दुर्मतिः' इति न्यायादिति भावः।

29. पैशुन्यमिति। हे श्रीमत्कासरसार्वभौम पैशुन्यं पिशुनोक्तिः[51] भवतस्तव कर्णगामि न। भवतीति शेषः। खलवचनं न शृणोषीत्यर्थः। अये महिष, वञ्चनामतिसंधानं नाञ्चसि न करोषि। एकाकारतयैव एकरूपेणैव सर्वास्ववस्थास्वपि प्रत्यक्षपरोक्षादिदशास्वपि तिष्ठसि वर्तसे। अव्यवस्थविषयैः नास्ति व्यवस्था मर्यादा येषां ते अव्यवस्थाः अतीतमर्यादा विषया आचारा येषां ते तथोक्तैः भूपालैः अलं पर्याप्तम्, हे सखे दिष्ट्या दैवेन नो ऽस्माभिः लब्धो ऽसि। अद्येदानीं भवता त्वया नाथेन मोदामहे हृष्यामः।

30. न स्वप्न इति। हे महिषाधिराज, त्वामाश्रितानां त्वदुपजीविनां नृणां पुरुषाणां स्वप्ने ऽपि स्वप्नदशायामपि दरिद्रताकिंचनत्वं न प्रसजति न लगति। कोशे धनधान्यागारे द्रव्याणां सुवर्णादीनां चयैः

51 उक्तिं – ते.

समुदायैः सह बहवो ऽनेकप्रकारा व्रीहयः शाल्यादयः पतन्ति वसन्ति। कर्षकाणां कोशवृद्धिर्भवतीत्यर्थः। इत्थमनेन प्रकारेण सर्वेषां विश्वेषां जनानामवने रक्षणे प्रतिभुवे लग्नकाय दीनानां दरिद्राणां या आवली समूहः तस्या बन्धवे हितकराय भवते तुभ्यं भूयस्यो ऽधिका आशिष आशीर्वादा अद्येदानीं भूयासुः भवन्तु। नीरोगदृढगात्रत्वाद्यर्थमिति भावः।

31. नित्यमिति। नित्यं प्रत्यहं विशेषेण वर्धमानावुपचीयमानौ सुमहान्तावतिबृहन्तौ दुष्प्राभवोत्साहौ दुष्प्रभुत्वदुरभिमानौ तद्वन्तो ये दुर्भूपाला दुष्टा राजानस्तेषां या कृपा करुणा तस्या लवो लेशस्तेन च्युता रहिता या रुशती क्रूरवाक्। 'रुशती वागकल्याणी' इत्यमरः। तस्या आकर्णनेन श्रवणेन उदीर्णयोर्भिन्नयोर्मम कर्णयोः श्रवणयोर्निर्व्याजं यथा तथामृतं सुखप्रदं हुंकारवं शब्दविशेषमकृथाः कृतवान्। हे महिष दिष्ट्या दैवेन संप्रतीदानीं क्षेत्रेषु केदारेषु कृष्यां कर्षण उन्मुख उत्सुकः सन्सीदसि क्लिश्यसि च।

32. मूढेति। मूढा मोहं प्राप्ता आभासा निन्दिताश्च ये धनेन द्रव्येण य ऊष्मा क्रोधाग्निः तेन भीष्मं वदनं मुखं येषां ते तथोक्ता ये क्ष्मापालपाशाः कुत्सितप्रभवः। 'याप्ये पाशप्' इति कुत्सितार्थे पाशप्। तेषामङ्गणेषु चत्वरेषु। आशैव इच्छैव पाशः रज्जुस्तेन विकृष्यमाणं नीयमानं हृदयमन्तःकरणं येषां ते तथोक्ता बुधा व्यर्थां निष्प्रयोजनां स्थितिं तन्वते। यो महिषप्रभुः समस्तैः[52] कृत्स्नैः क्षितिफलैर्धान्यादिभिरक्षति निरुपद्रवं यथा तथा सौम्यो ऽक्रोधः सन् रक्षति पालयति। तं कामानामिष्टानां धनधान्यादीनां प्रदं प्रकर्षेण दातारमस्मद्भूपतिमस्मद्राजानं नाश्रयन्ति नानुवर्तन्ते।

33. गोष्ठमिति। गोष्ठं बन्धनस्थानं नृपमन्दिरं राजगृहं। ते शकृदपि विष्ठा ऽपि कस्तूरिका मृगमदः। वपुषः शरीरस्य पृथ्व्या भूमेर्ये रेणवो रजांसि तेषां समुत्करः समूहः स एव प्रत्यग्रपिष्टातकः नूतनपटवासकः 'पिष्टातः पटवासकः' इत्यमरः। निर्व्याजा निर्निमित्ता योपाकृति-रुपकारस्तस्मिन्प्रवीणमतिसमर्थं मनो यस्य स तथोक्तः। तस्य मानेन संभावनेन लब्धा प्राप्तोन्नतिः प्रतिष्ठा यस्य तादृशस्य हे महिषाधिराज ते सर्वमिदं शकृद्धूल्यादिकं भूषाविशेषायते भूषाविशेष इवाचरति।

34. हेति। जानुद्वयसे जानुदघ्ने। 'प्रमाणे द्वयसज्दघ्नञ्मात्रचः' इति द्वयसच्प्रत्ययः। दुरुद्धरं दुःखेनाप्युद्धर्तुमशक्यं पदमङ्घ्रिर्यस्मिंस्तादृशे पङ्के कर्दमे लाङ्गलं हलं वहन् पश्चात्पृष्ठभागे शूद्रकरेण कर्षकहस्तेन

52 समग्रैः – ते.

प्रतोदस्य[53] प्राजनस्य। 'प्राजनं तोदनं तोत्रम्' इत्यमरः। घटनया संयोजनेन संजातमुत्पन्नं भूरि व्रणं यस्य स तथोक्तस्त्वं राज्ञो नृपस्य कोशस्य धनधान्यागारस्य पूरणकृते वृद्ध्यर्थं क्लेशं दुःखं यासि प्राप्नोषि। स तु राजा तु त्वद्भागसर्वस्वं कृषीवलपञ्चभागान्हरतीति तादृशः सन् हे महिषेन्द्र ते तुभ्यं द्रुह्यति। 'क्रुधद्रुह...' इत्यादिना चतुर्थी। शिव शिवेत्याश्चर्ये। किं ब्रूमः। अतो महोपकारिणस्तव सर्वस्वहरणरूपद्रोहकरणं न सांप्रतमिति भावः।

35. मूढा इति। केचिन्मूढा मुग्धा धनिकानुपाश्रयन्ति अनुवर्तन्ते। त इति शेषः। क्लिश्यन्तु खिद्यन्तु नश्यन्तु वा। यो नरः मामाश्रयते ऽनुसरति तं नरमात्मनः स्वस्य प्रयासैः श्रमैः कर्षणभारवहनादिभिर्बिभृयां बिभर्मीत्यनेन प्रकारेण हुंभारवस्य शब्दविशेषस्य व्याजतश्छलतः मृष्टान्नस्य भक्ष्यभोज्यादियुक्तान्नस्यैकवदान्य दातृश्रेष्ठ हे सैरिभपते घण्टाया ग्रीवाबद्धाया घोषः शब्दः पुरःसरः पूर्ववृत्तिर्यस्मिन्कर्मणि तद्यथा तथा सम्यक्समीचीनां प्रतिज्ञां वितनुषे करोषीव[54]। उत्प्रेक्षालंकारः।

36. ख्यातानिति। ख्यातान् प्रसिद्धान् शतं शतसंख्याकान् क्रतून् ज्योतिष्टोमादीन् आहरतु करोतु। क्रूरं दुश्चरं तपो नियमादि विधत्तामनुष्ठीयताम्। योगस्याष्टाङ्गयुक्तचित्तवृत्ति निरोधस्याभ्यासमावृत्तिमुपैतु प्राप्नोतु वा। तीर्थाटनं तीर्थस्य धनुष्कोटिप्रयागादितीर्थस्याटनं स्नानं पुनर्मुहुः कलयतां क्रियताम्। तथा ऽपीति शेषः। हे सैरिभ[55] त्वत्संदर्शनं त्वत्सहवासमन्तरा विना लोको जनः शुभान् यज्ञदानभोगादीन् न प्राप्नोति। हे महिष त्वं पश्वधमो ऽपि पशुषु चतुष्पात्स्वधमो ऽपि निकृष्टो ऽपि लोकोत्तरैर्भुवनश्रेष्ठैर्गुणैः सस्योत्पत्तिद्वारा लोकजीवनयागोपयुक्तहविर्निष्पादनादिभिः श्लाघ्यो ऽसि। हंहो इत्याश्चर्ये। स्वभावतो निकृष्टो ऽपि गुणैरुत्कृष्टो भवतीत्यर्थः।

तमेव यागोपयुक्तहविर्मूलत्वगुणं प्रकटयति[56]।

37. त्वामिति। मूढानां मुग्धानां यद्गणनं संख्यानं तस्य प्रस्तावनायां प्रसक्तावादौ प्रथमं त्वां भवन्तं [57]गणयन्ति मन्यन्ते। ते गणका मूढास्तव महिमाविदः महिम्नः माहात्म्यस्याविदो ज्ञातारो न भवन्ति।

53 प्रतोदनस्य – ते.
54 'तनोषीव' इत्यधिकः – ते.
55 'तनोषीव' इत्यधिकः – ते.
56 अवतारिकेयं न दृश्यते – ना.
57 गणयति – ते.

साध्याभाववदवृत्तित्वं घटानधिकरणमित्यादिवन्नञो मध्यनिवेशः साधुः। यद्वा महिषाविद इति पाठः। हे महिष तवाविदस्त्वदनभिज्ञा-स्त्वद्गुणानभिज्ञा इति तदर्थः। ते तव तां वाच्यतां निन्द्यताम्। अहमिति शेषः। न मृष्यामि न सहे। सस्यानां शाल्यादीनामुत्पत्तौ जनने निदानमादिकारणमसि। अथापि च सुराणामिन्द्रादीनां हविषां व्रीहिदधिसर्पिःप्रभृतीनां मूलं कारणम्। असीत्यनुषङ्गः। जगतां भूस्वर्लोकप्रभृतीनामाधारतां पालकतां गाहसे प्राप्नोषि। किं ब्रूमः किं वदामः। काव्यलिङ्गमलंकारः।

38. दुर्वाणीकेति। मन्नाथ मद्रक्षक सैरिभपते दुर्वाणीकाः क्रूरवचनाः समुद्यन्त आगन्तूणामधिक्षेपे दत्तोद्योगा उद्भटा उद्धता ये भटा भृत्याः शस्त्रधारिणस्तेषां या श्रेणी पङ्क्तिस्तस्या ये कराः। श्रेणीशब्देन श्रेणीप्रविष्टा लक्ष्यन्ते। तेषु व्यापृता विस्तारिता द्राघीयसी दीर्घा स्फुटा प्रकाशमाना। अग्निदग्धेति यावत्। धूमवर्तिः धूमपानार्थकल्पिता दशा तस्याः सकाशाद्विगलन्निःसरन् यो धूमस्तस्माद्यो ऽन्धकारो ध्वान्तं तेनावृते व्याप्ते तेषां भटानां निष्ठीवनेनाम्बूकृतेन य पूतिगन्धः दुर्गन्धस्तेन भरिते व्याप्ते भूपालानां राज्ञां बाह्याङ्गणे बाह्यप्रदेशे यो वासो निवासस्तस्मिन्। पण्डितानां दुष्टराजगृहे शीघ्रप्रवेशाभावेन बाह्यप्रदेशे निरुक्तगुणविशिष्टे[58] चिरावाससंभवादिति भावः। क्लेशहराय दुःखहारिणे तुभ्यं नमः। अस्त्विति शेषः। कृषिकर्मव्यापृतानां किं राजाश्रयणदुःखेनेति भावः।

39. केदार इति। केदारे शाल्यादिक्षेत्रे महिष्या मनोजगृहं मन्मथमन्दिरमाघ्रायाननं मुखमुन्नमय्य दन्तान्दशनान् किंचिदभिप्रदर्श्य दर्शयित्वा विकृतं यथा तथा कूजन् क्रोशन् क्ष्मां भूमिं खुरैः पदाग्रैः खनन्दलयन् प्रत्यग्रायितस्य नवोद्गतस्य सूरणस्य कन्दविशेषस्य। 'अर्शोघ्नः सूरणः कन्दो गण्डीरन्तु समष्ठिला' इत्यमरः।[59]अङ्कुरनिभमङ्कुरसदृशं तादृशं तत् स्वीयलिङ्गमित्यर्थः। किंचिदुज्जृम्भयन् बहिः कुर्वन् हे महिषेन्द्र त्वमानन्दं संतोषं निर्विशसि प्राप्नोषीति यत्तद्द्रष्टॄणां नेत्राणामुत्सवः संतोषः। अनेन च भवतैव जनानां नेत्रानन्दो ऽपीति भावः।

40. पर्णानामिति। पर्णानां दलानां पयसां जलानां च नित्यं प्रत्यहमशनैर्भक्षणैः कालं समयं क्षिपन्गमयन्वर्तसे तिष्ठसि। निष्कम्पः

58 विशिष्ट – ते.
59 इदं वाक्यं न दृश्यते – ते.

सन्निश्चलः सन् तपसि माघमासे। 'तपा माघे ऽथ फाल्गुने' इत्यमरः।[60] भूमावेव पर्णशालान्तर उटजमध्ये निभृतं स्थितो ऽसि वर्तसे। अनुदिवसं प्रतिदिनं स्थण्डिल एव शेषे स्वपिषि। द्विस्त्रिर्द्विस्त्रिवारं निमज्जसि स्नासि। हे कासरेन्द्र, ऋषेश्चर्यां मुनिचर्यां यद्यस्मात्समालम्बस अङ्गीकरोषि। सो ऽपि ऋषिः पर्णजलाद्याहारं कृत्वा पर्णशालायां तपः करोति। प्रतिदिनं प्रातर्मध्याह्नसायंकालेषु स्नाति[61]। तस्मात्तव किं प्रार्थ्यमभिलषितं किम्। अस्तीति शेषः।

41. शीतमिति। शीतं शीतलं वारि जलं सरः कासारं गच्छतीति सरोग आकण्ठं कण्ठपर्यन्तमत्यादरात्पिबसि पासि। सरोगस्य रोगयुक्तस्य शीतोदकपानं संनिपातरोगप्रदमिति वैद्यशास्त्रप्रसिद्धम्। त्वं तु सरोग एव शीतं वारि पिबसि तथा ऽपि संनिपातरहित इत्यौषधं भक्षितमित्यनुमीयत इत्यर्थः। संतापे ऽपि सूर्यकिरणादिना ऽत्यन्तौष्मण्यप्यतनोर्मन्मथस्य प्रमोदेन संतोषेण भरितः सन् ग्राम्यधर्मेण निधुवनेन। 'व्यवायो ग्राम्यधर्मो मैथुनं निधुवनं रतम्' इत्यमरः।[62] नोज्झितः न त्यक्तः। अत्र संतापसमये स्त्रीसङ्गमनिषेधो वैद्यके, यथा – 'तरुणज्वरमध्ये तु युवतीसङ्गमेन च। जायते दारुणो दोषो ह्यङ्गवैकल्यकम्पदः।।वक्षो ऽन्तरे च संतापः प्रलापोत्थापसंभ्रमः। पाणिपादतले शैत्यं दोषः स्त्रीसङ्गजो भवेत् ।।तदूरुजेन रक्तेन नेत्रयो रञ्जयेत्कणान्। सद्यस्तद्दोषशान्तिः स्यादात्रेयमुनिभाषितम्।।' इति[63]। यद्यस्मात्सुखसंनिपातेन रोगविशेषेण रहितः सन् तनौ शरीरे पुष्टिं वृद्धिं पुष्णासि। चित्रमित्याश्चर्ये। तत्तस्मात् रे महिष किं श्लाघ्यं प्रशस्तमौषधं सेवितं पथ्यादिना[64] भक्षितं तन्मे ब्रूहि वद।

42. स्वीयेति। स्वीयोत्सङ्गे स्वाङ्कप्रदेशे समारूढमारुह्य स्थितमधिका बह्व्यासक्तिः प्रीतिर्यस्य तथोक्तं बालं शिशुमात्मनः सकाशाज्जायत इति तादृशं वहन्प्रमदया स्त्रिया। महिष्येति यावत्। मत्त इत्यपि ध्वन्यते। निश्चिन्ता निर्विचारा धीर्ज्ञानं यस्य तादृशः सुखं निद्रासि स्वपिषि। दुर्भूपानां दुष्टप्रभूणामास्यं मुखमपास्य परित्यज्य। शूद्रप्रभुमुखावलोकनमकृत्वेत्यर्थः। नैकानेकप्रकारा कृतिः प्रयत्नो यस्य स तादृशस्तेन प्रारब्धेन प्रारब्धकर्मणा लब्धं प्राप्तं तेन प्रीतः

60 इदं वाक्यं न दृश्यते – ते.
61 सोऽपि इत्यारभ्य स्नातीत्यन्तं न दृश्यते – ते.
62 इदं वाक्यं न दृश्यते – ते.
63 इतीति न दृश्यते – ते.
64 सेवितं पथ्यादिनेति न दृश्यते – ते.

सन्तुष्टः सन् तिष्ठसि वर्तसे। हे कासरेश्वर भवत्संबन्धि यद्गार्हस्थ्यं गृहस्थधर्मस्तदेवाद्भुतं श्रेष्ठमहो इत्याश्चर्ये।

43. नित्यमिति। नित्यं प्रत्यहं दुर्धर[65] दुर्मुखादिभिरसुरविशेषैः सहितो युक्तः। दुर्धरं दुःखेनापि धर्तुमशक्यं यद्दुर्मुखं कुत्सितमुखं तेन युक्त इति प्रकृतार्थः। शृङ्गाग्रेण विषाणाग्रेण कृष्टो ऽचलः पर्वतो येन स तादृशः। त्वं स एव युगान्तरप्रसिद्धमहिषासुर एव पुनरपि प्रायः प्रायेणावतीर्णो ऽस्यवतारं प्राप्तवानसि। तर्हि कथं न लोकानुत्सादयसीत्यत आह – किं त्विति। किं त्वपि तु प्राप्त अधिगतो यो युगः कलिर्गलबद्धदारुविशेषश्च तस्यानुरूपं योग्यं चरितमाचरणं यस्य स तादृशः। तथा च कलियुगे महिषासुरोपद्रवं जनाः सोढुं न शक्नुवन्तीति मत्वा सौम्यरूपो ऽसीत्यर्थः। प्रकृते लाङ्गलबद्धस्य लोकोपकारं विना किमन्यत्कार्यमिति भावः। भवान्सर्वोपकारी सस्योत्पत्तिहेतुत्वात्। भवतीति शेषः। हे भ्रातः कासरवर्य, निर्जरगणा देवसमूहास्ते तव मङ्गलं शुभं कुर्वन्तु तन्वन्तु। न तु महिषासुरबुद्ध्या द्वेषमिति भावः।

44. पीत्वेति। सरोवरेषु कासारश्रेष्ठेषु वारि जलं पीत्वा विपिने ऽरण्ये स्वैरं स्वच्छन्दं तृणानि चरित्वा भक्षयित्वा, आ कल्यादपि प्रातःकालप्रभृति। ‘प्रत्यूषो ऽहर्मुखं कल्यम्’ इत्यमरः। आ चापराह्णविगमात् अपराह्णनिवृत्तिपर्यन्तं सर्वतो ऽभितः महीं भूमिं कृष्ट्वा विलिख्य अनपायमेव निरुपद्रवमेव यथा भवति तथा भुवनं जनम्। ‘लोकस्तु भुवने जने’[66]। ये सैरिभाख्यप्रभवः रक्षन्ति पालयन्ति तान्सैरिभान् संत्यज्य परित्यज्य दुर्धनिन एव गर्दभा रासभाः। कृत्याकृत्यविवेकशून्यत्वेन रासभवन्निन्द्या इत्यर्थः। अज्ञो मूढो जनः सेवार्थमनुसरणार्थं मृगयते ऽन्वेषते। तं जनं धिक् धिगिति निन्दायाम्।

45. उद्दामेति। उद्दाममुन्नतं यद्द्विरदद्वयं गजद्वयं प्रमाणं यस्य स उद्दामद्विरदद्वयद्वयसः, तस्य भावस्तत्ता ताम्। ‘प्रमाणे द्वयसज्दघ्नञ्मात्रचः’ इति द्वयसच्प्रत्ययः। निस्तुलमनुपममुच्चैरधिकं बलं तथा दुर्भेदः कठिनः अद्भुतः समीचीनो यः फालः कृषकलाङ्गलं तेन भूमिदलनेषु भूविदारणेष्वग्रेसरत्वं मुख्यत्वं तत्पूर्वोक्तं सर्वम्, हे महिषावतंस, कृषिभिः कर्षणैः संसारस्य पुत्रमित्रकलत्रादेः पोषं[67]

65 दुर्धरं – ते.
66 वाक्यमिदं न दृश्यते – ते.
67 पोषः – ते.

पालनमर्थयत इति तादृशस्य मे भागधेयस्य दैवस्योन्नतिमुच्छ्रयम्। 'दैवं दिष्टं भागधेयम्' इत्यमरः। पचेलिमां परिपक्वां मन्ये। हन्तेत्याश्चर्ये।

46. मूर्तेति। तमसामन्धकाराणां छटा समुदायः मूर्ता किं मूर्तिमती किम्? नीलाचलो नीलपर्वतो जङ्गमः संचरिष्णुः किम्? जीमूतो मेघः संचरिष्णुः संचारशीलो ऽवनौ भूमौ चतुर्भिः पादैर्युतः किमु? हे सैरिभेश्वर, मसृणः कर्कशः। 'मसृणः कर्कशे स्निग्धे' इति विश्वः। मांसलो मांसभरितः श्यामलो नीलवर्णस्त्वं येषां जनानां दृशां दृष्टीनां पन्थानं मार्गमारोहसि प्राप्नोषि। त इति शेषः। त इति पूर्वोक्तरीत्या तर्कयन्ति विचारयन्ति। सन्देहालंकारः।

47. क्षान्तं क्षान्तमिति। क्षान्तं क्षान्तं क्षान्त्वा क्षान्त्वा स्थितमिति शेषः। अथापि निर्दयं यथा तथा अमी जनाः काष्ठैर्दण्डैः करीषैर्गोमयैः शुष्कैः। 'गोविट् गोमयमस्त्रियाम्। तत्तु शुष्कं करीषो ऽस्त्री' इत्यमरः।[68] अङ्गेष्ववयवेषु घ्नन्ति ताडयन्ति। तदेतदखिलं सर्वं दुःखं क्षमामूलकं भूमूलकम्। दण्डकरीषादेर्मृण्मयत्वादिति भावः। इत्येवं प्रकारेणालोच्य रुषेव कोपेनेव सीराञ्चलेन हलाग्रेण क्षमां कणशः उन्मूल्य समूलमुत्पाट्य तां क्षमां नीरसस्य रसरहितस्य तृणादेरुचितां योग्यां करोषि कुरुषे। 'मृदुर्हि परिभूयते' इति क्षमाशब्दशक्तिमूलध्वनिः। नीरेण वर्धमानसस्योचितां करोषीति भावः।

48. ये य इति। ये ये पूर्णायुषो दीर्घायुष्परिमाणा जन्तवो भुवि भूलोके अपमृत्युना अकालमृत्युना मृता मरणं प्राप्ताः। बतेति खेदे। अतिमहतातिविस्तृतेन तेषां मृतानां सर्वेषामायुषायुःशेषेण त्रैलोक्यस्य भूर्भुवःस्वस्त्रिभुवनस्य रक्षायां क्षमः शक्तो दीर्घं चिरावस्थाय्यायुरायुष्यमरोगतां नीरोगतामविकलां समग्रां पुष्टिं देहवृद्धिं च वहन् नवधान्यानि निष्पादयन् त्वमिति शेषः। हे लुलायप्रभो, अस्मान्रक्ष पालय।

49. माहात्म्यमिति। हे श्रीमन् लुलायप्रभो। इति पूर्वोक्तप्रकारेण वक्ष्यमाणप्रकारेण चेत्यर्थः। तव ते स्तुत्युक्तेः स्तोत्रोक्तेः यद्वर्त्म मार्गस्तदतिगमतिक्रम्य गच्छतीति तादृशं त्वत्कल्याणगुणानां त्वदीयशोभनगुणानामनुरूपं माहात्म्यं पूज्यत्वं कियद्वर्णयामि। अवाङ्मनसगोचरमहिमशालिनस्तव वर्णनं न शक्यत इत्यर्थः। ममात्यादरादतिविश्वासादधिकप्रीत्या बहुसंतोषेण। अर्थाः पदार्था वाक्यार्थाः चाद्भुताः श्रेष्ठास्तथा शब्दचयाः श्लिष्टशब्दसमुदायाः सदा

68 वाक्यद्वयं न दृश्यते – ते.

सर्वकालमहमहमित्यग्रे पुरतः स्फुरन्ति प्रतिभान्ति। कमिवार्थं शब्दं वा स्वीकुर्यामङ्गीकुर्यां कमिव त्यजामि। शब्दार्थानां बहुप्रकारेण प्रतिभासमानानां कृत्स्नवर्णनं दुष्करमिति भावः। तथा च लोकरीत्या पश्वधमस्य महिषस्य वर्णयितुमशक्यत्वे ऽपि स्वप्रतिभाया एतत्प्रबन्धरचनमत्यल्पमिति भावः।

50. तिष्ठन्त्विति। धनमेवान्धतमसं गाढान्धकारस्तस्य प्राग्भारेणाधिक्येन दूरीभवन् तिरोभूतो यः कृत्याकृत्यविवेकः सदसद्विवेकः। विहितानुष्ठाननिषिद्धत्यागधीरिति यावत्। तेन मत्तमुन्मत्तं हृदयं चित्तं येषां ते तथोक्ताः क्षितिपा राजानस्तिष्ठन्तु वर्तन्ताम्। तान्मत्तहृदयानहं नैवाश्रये नैवानुसरामि। त्वं सरसीतटं कासारतीरमेह्यागच्छ[69] तव पुनरस्मत्संवसथस्यास्मद्गृहस्यावनाय रक्षणाय जलैर्मूर्धाभिषेकं करवै करोमि। त्वमित्यनुषङ्गः। मां राजेव समीचिननृप इव रक्ष पालय।

51. ननु राजशब्दवाच्यक्षत्रियस्यैव 'राजानमभिषिञ्चति' इत्यभिषेकविधानात्कथं महिषस्य मूर्धाभिषेक इत्यत आह–भूप इति। भूपो भूप अयं भूमिपालो ऽयं भूमिपाल इत्यनुगता क्षत्रियमात्रानुस्यूता घटत्वादिवद्धटत्वपटत्वादिजातिरिव भूपत्वं[70] जातिरित्यर्थाल्लभ्यते। भूमौ भूलोके। राजधर्माभिषेकादिप्रयोजकतयेति शेषः। अस्ति किं नु वर्तते किम्। नास्तीत्यर्थः। अनुगतजातिमङ्गीकृत्य तस्यैव राजधर्माभिषेकप्रवृत्तिप्रयोजकत्वाङ्गीकारे [71]महिषस्य मूर्धाभिषेकानुपपत्तिस्तस्य 'राजानमभिषिञ्चति' इति शास्त्रान्तर्गतराज शब्दार्थत्वाभावात्। किं त्वन्यदेव प्रजापालनादि राजधर्मप्रयोजकम्। तदेव राजपदप्रवृत्तिनिमित्तमपीति महिषस्यापि मूर्धाभिषेको युज्यत एवेति भावः। तदेवाह–य इति। य एव जनाँल्लोकान् रक्षति पालयति स स्वयं राजा। भवतीति शेषः। रूढेर्योगानाक्रान्तविषयत्वादिति भावः। मनुष्यजातीयस्य राजशब्दार्थत्वं न संभवतीति मत्वाह – किमिति। किराता निषादा इव क्रूराः कठिनचित्ताः शरारवो घातुकाः। 'शरारुर्घातुको हिंस्रः' इत्यमरः।[72] इमे दृश्यमाना भूमीपतयः भूपाः किमित्यर्थः। सार्वजनीन सर्वोपकारक, हे कासरपते, त्वमेव नो ऽस्माकं

69 तीरंएलैहिआगच्छ – ते.
70 भूपत्व – ना.
71 हि महिषस्य – ते.
72 वाक्यमिदं न दृश्यते – ते.

राजा ऽसि। मनुष्यजातीयानां[73] रञ्जकत्वरूपयोगानाक्रान्तत्वादिति[74] भावः। अत्र मीमांसकाः – राजपदं न प्रजापालनप्रवृत्तिनिमित्तकम्। किं तु क्षत्रियत्वजातिनिमित्तकमेव प्रजापालनस्याभिषेकोत्तरभावित्वेनाभिषेकविधावेव 'राजानमभिषिञ्चति' इति राजशब्दप्रयोगात्। तस्य कर्मणीत्यधिकृत्य 'पत्यन्तपुरोहितादिभ्यो यक्' इति स्मृत्या पुरोहितादिगणपठिताद्राजशब्दाद्यागादिविधानेन राज्यशब्दस्य राजशब्दप्रसिद्धिपूर्वकत्वावगतेर्द्रविडप्रयोगाच्च राजशब्दः क्षत्रियवचन एव। निर्णीतं चेदं भेदलक्षणे [75]तृतीयचरणे 'अवेष्टौ यज्ञसंयोगात्' इत्यधिकरणे श्रीमदाचार्यशबरस्वामिभिरिति कथं राजशब्दस्य प्रजापालननिमित्तकत्वं कविना ऽभ्यधायीति वदन्ति। अत्र ब्रूमः – राजशब्दस्य क्षत्रियपरत्वेन तदधिकरणे निर्णीतत्वे ऽपि 'राजानमभिषिञ्चति' इत्यादिना विधीयमानराजधर्मप्रवृत्तौ प्रजापालनमेव निमित्तं न तु जातिः क्षत्रियमात्रस्याभिषेकादि-धर्मप्राप्त्यापत्तेः। न चाधिकरणविरोधः 'राजा राजसूयेन स्वाराज्यकामो यजेत' इत्यत्र[76] राजशब्दस्य प्रजापालनयुक्तक्षत्रियपर-त्वस्यैव तदधिकरणनिर्णीतत्वेन तदधिकरणे योगपरित्यागाभावात्। अस्तु वा तदधिकरणे योगपरित्यागस्तथा ऽभिषेकादि। मिताक्षरायां 'व्यवहारान्नृपः पश्येत्, राज्ञा सभासदः कार्याः, अदण्ड्यान्दण्डयन्राजा' इत्यादौ क्षत्रियादन्यो ऽपि राज्याधिकारं कुर्वन्नेतादृशधर्मे ऽधिक्रियत इति स्पष्टमेव प्रजापालनस्यैव तद्धर्मव्यवहारपरिच्छेदादिनिमित्तत्वमभिहितमित्यन्यत्र विस्तारः।

52. सानन्दमिति। हे महिषेन्द्र ते तव नियतं सार्वकालं स्वस्त्यस्तु शोभनं[77] भवतु। महिषस्याशीःप्रार्थनायां हेतुमाह – राजा त्वमेवासि न इति। नो ऽस्माकं त्वमेव राजासि नान्यो मनुष्यजातीय इत्यवधारणार्थः पूर्वश्लोकेनैव निराकृतत्वादिति भावः। तथा च राजलक्षणयुक्तत्वान्महिषस्याशीःप्रार्थनं युक्तमित्याशयः। कथं महिषे राजलक्षणम्। तत्राह – सानन्दमिति। आनन्देन सहितं यथा भवति तथा महिषीणां शतम्। शतमित्युपलक्षणं सहस्रमयुतं वेति बोद्ध्यम्। रमयसे क्रीडयसे। अन्वहं प्रत्यहं मूर्ध्नि शिरस्यभिषिक्तः

73 जातीयस्तेषां – ते.

74 योगाक्रान्तत्वादिति – ते.

75 लक्षणतृतीय – ते.

76 अत्रत्य – ते.

77 शुभं – ते.

स्नपितः। वालमेव व्यजनं तस्यावधूर्तिं चालनमसकृत्पुनः पुनः प्राप्नोषि। शृङ्गाभ्यां विषाणाभ्यामन्वितो युक्तः। किं च स्वां प्रकृतिं स्वकीयं जाड्यादिस्वभावं न मुञ्चसि न त्यजसि। तृणप्रायं तृणप्रचुरं जगत्पश्यसीक्षसे। भक्षणार्थमिति भावः। 'प्रायो वयसि बाहुल्ये तुल्यानशनमृत्युषु' इत्यमरः। राजपक्षे – महिषीणां कृताभिषेकाणां स्त्रीणाम्। 'कृताभिषेका महिषी' इत्यमरः। शते सहस्रे वा परिगणिते रमयसे। अन्तःपुरस्त्रियः यथा संभोगादिना तुष्यन्ति तथा कलाशास्त्रोक्तप्रकारेण तासां प्रीत्यतिशयं जनयति। मूर्धाभिषिक्तो राजन्यः' इत्यमरः। वालं चामरं व्यजनं तालवृन्तादिकं तयोरवधूतिम्। शृङ्गेण प्रभुत्वेनान्वितः। 'शृङ्गं प्रभुत्वे' इति विश्वः। स्वां प्रकृतिं स्वकीयराज्याङ्गं स्वाम्यमात्यादिकम्। 'राज्याङ्गानि प्रकृतयः' इत्यमरः। जगद्भुवनं तृणप्रायं तृणसदृशं यथा भवति तथा पश्यति। जनेष्वैश्वर्याद्यल्पत्वेन तत्र राज्ञस्तृणबुद्धिर्भवतीत्यर्थः। अत्र स्वस्त्यस्त्वित्याशिषं प्रति राजत्वस्य हेतुत्वेन हेतुमता साकं हेतुवर्णनाद्धेत्वलंकारः। त्वमेव राजा ऽसीत्यत्र रूपकालंकारः। रूपकस्य चैवकारेणान्यत्र मनुष्ये राजत्वस्यापह्नवादपह्नुत्यलंकारः। तयोरङ्गाङ्गिभावेन संकरो ऽप्यलंकारः। रूपकविधया प्रतीतस्य राजत्वस्य सानन्दमित्यादिभिः समर्थनात्काव्यलिङ्गमलंकारः। तस्य च श्लेषोत्थापितत्वाच्छलेषालंकारः। शतसंख्यायामुपलक्षणत्वेनासकृदन्वहमित्यादिपदैर्महिषस्याधिक्यप्रतीतेर्विशेषालंकारो व्यज्यते। सानन्दमन्वहमिति मकारानुप्रासात्मकः शब्दालंकारः। एवं माधुर्यादेर्गुणस्यापि प्रतीतिर्बोध्या। तथा च – 'काव्यं ह्यदुष्टौ सगुणौ शब्दार्थौ सदलंकृती' इति काव्यलक्षणं 'वाच्यातिशायि व्यङ्ग्यं यदुत्तमं तद्ध्वनिश्च सः' इत्युत्तमकाव्यलक्षणमिति काव्यप्रकाशोक्तं स्फुटतरमिति संक्षेपः।

53. धात्रीति। वत्स श्रीमहिषेन्द्र बालकमिव स्थितं त्वां वीक्ष्याहं नन्दामि संतुष्यामि। कथं बालकसादृश्यम्। तत्राह – धात्र्याः क्षितेरुत्सङ्गतले ऽङ्कप्रदेशे। अनेन गृहमध्यप्रदेशो लक्ष्यते। विण्मूत्रं विष्ठामूत्रमस्ता नष्टा त्रपा लज्जा यस्मिन्कर्मणि यथा भवति तथा विमुञ्चसि त्यजसि। न विद्यते पलालं यस्मिंस्तदपलालमास्यं न धत्से। अपि तु पलालसहितमेवास्यं धत्स इत्यर्थः 'द्वौ नञौ प्रकृतमर्थं गमयतः' इति न्यायात्। 'पलालो ऽस्त्री स निष्फलः' इत्यमरः। स्नेहेन प्रीत्या संवर्द्ध्यसे। शङ्खव्यापि ललाटास्थिव्यापि 'शङ्खो निधौ ललाटास्थ्नि' इत्यमरः। पयः जलमनुदिनं प्रतिदिनं पिबसि। 'पयः क्षीरं

पयो ऽम्बु च' इत्युभयत्राप्यमरः। मुखे ऽदन्तं भक्षयन्तम्। बालकपक्षे धात्र्याउपमातुः। 'धात्री स्यादुपमाता ऽपि क्षितिरप्यामलक्यपि' इत्यमरः। अपगता लाला यस्मादपलालम्। 'सृणिका स्यन्दिनी लाला' इत्यमरः। स्नेहेन तैलेन प्रत्यहं तैलाभ्यङ्गादिना संवद्र्ध्यसे। शङ्खव्यापिकम्बुव्याप्तम्। 'शङ्खो निध्यन्तरे कम्बुललाटास्थ्नि'[78] इति विश्वः। पयः क्षीरम्। मुखे ऽदन्तं दन्तरहितम्। अत्र बालकमिवेत्युपमया श्लेषोज्जीवितवाक्यार्थैः समर्थनाच्छलेषकाव्यलिङ्गोपमानानामङ्गाङ्गिभावेन[79] सङ्करो ऽलंकारः।

54. ब्रूष इति। हे महिषाधिराज [80]सततं सर्वदा वेदावधानीव वेदावधानवानिव नो ऽस्माकं भासि। कथं वेदावधानीत्यत्राह – ब्रूष इति। विविधस्वरान् मध्यमादिध्वनिभेदान्। 'मध्यमादिषु च ध्वनौ' 'उदात्तादिष्वपि प्रोक्तः स्वरः' इत्युभयत्रापि विश्वः। बहुविधाननेकप्रकारान् काण्डान् जलभेदान्। 'काण्डो ऽस्त्री दण्डबाणार्ववर्गावसरवारिषु' इत्यमरः। मुखे धत्से। अयनमधि अध्ययनम् मार्गमध्य इत्यर्थः। 'अयनं वर्त्ममार्गाध्व' इत्यमरः। पदानां क्रमविधिं निक्षेपविधिं प्राप्तः। किं चोच्चरन् मूत्रयन् गच्छसि। 'मूत्रं प्रस्राव उच्चारः' इत्यमरः। अङ्गेष्ववयवेषु। 'अङ्गं प्रतीको ऽवयवः' इत्यमरः। श्रमं खेदमादधासि बिभर्षि। बहुधा बहुप्रकारेण वृत्तिं जीवनम्। 'वृत्तिर्वर्तनजीवन' इत्यमरः। अन्वहं प्रत्यहं करोषि। वेदावधानिपक्षे – विविधस्वरानुदात्तादिस्वरान् काण्डान्वर्गान्। 'काण्डं वर्गे ऽप्युदाहृतम्' इति विश्वः। अध्ययनं वेदमध्ययनाध्येययोरनतिभेदात्। पदक्रमविधिं पदक्रमयोर्विधिमध्ययनरूपम्। संहितापदक्रमानिति यावत्। प्राप्त उच्चरन्नुच्चारणं कुर्वन्। अर्थाद्वेदस्याङ्गेषु शिक्षाव्याकरणादिषु। 'शिक्षा व्याकरणं छन्दः' इत्यमरः। तथावृत्तिमिति भेदः। अत्रापि वेदस्येत्यनुषङ्गः। अत्रापि पूर्ववदलंकारः।

55. मुद्रेति। श्रीमँल्लुलायप्रभो मध्वनामानमाचार्यं गुरुमनुकुरुष इव। कथम्। तत्राह – मुद्रायाः प्रत्ययकारिचिह्नात्मिकाया धारणेन दग्धं चर्म यस्य स तादृशः तस्य भावो मुद्राधारणदग्धचर्मकता तया। 'मुद्रा प्रत्ययकारिणी' इति विश्वः। दृश्यैर्दृश्यमानैः किणैः व्रणसंजातचर्मविशेषैरङ्कितः। मध्याह्नात्परमेव मध्याह्नादनन्तरमेव

78 कम्बुललाटास्थि ... – ना.

79 श्लेषकाव्यलिङ्गोपमानामङ्गाङ्गिभावेनेति समीचीनः पाठ इति भाति । (*MŚ*)

80 नियतं – ते.

जले मज्जसि प्रातःकाले कृष्यादिकार्यव्यापृतत्वेन तदानीं जलावगाहनासंभवात्। सानन्दं यथा भवति तथा तीर्थे आदरो यस्य सः तथा भूतः। तनौ शरीरे शान्ताङ्गाररुचिं शान्ताग्निकोल्काकान्तिं बिभर्षि। दण्डिनो दण्डवतो मते वशे तिष्ठन्। अन्यत्र – मुद्राधारणेन तप्तमुद्राधारणेन। मध्याह्नात्परमेव जले मज्जति मध्वानां वैदिकमार्गबहिष्कृतानां प्रायेण वेदाध्ययनाभावेन शुष्कतार्किकाणां तेषां प्रातःस्नानाभावस्य सर्वलोकप्रसिद्धत्वात्। आनन्दतीर्थ इति मध्वगुरुस्तस्मिन्नादर आनन्दतीर्थादरः तेन सह वर्तत इति सानन्दतीर्थादरः। शान्ताङ्गारेण रुचिं कान्तिं बिभर्ति। दण्डिनः संन्यासिनो मते तिष्ठन् तन्मते सुमतीन्द्रादिमठभेदेनैकादश्याद्युपवासस्य भेददर्शनात्। अत्रापि पूर्ववदलंकारः।

56. त्वमिति। हे कासर महिष नितरामत्यन्तं महायोगीव संदृश्यसे। कथं योगिसादृश्यम्। तत्राह – त्वं वाचंयमतां मौनित्वं दधासि शीतातपौ शीतोष्णौ निश्चलः सन् सहसे। किंचिदप्यभिलषितं नैव याचसे। भुवि भूमौ यथाजातात्मना यथाजातरूपेण। 'अव्ययं विभक्ति' इत्यादिनाव्ययीभावः। जननकाले यादृशो दिगम्बरत्वादियुक्तस्तादृशवेषेणेति यावत्। तिष्ठसि। प्राणानां प्राणवायूनामाकर्षणं देहान्निःसरणं करोतीति प्राणाकर्षकृत्तेन यमेन धर्मराजेन नियमेनारूढः कृतान्तस्य महिषवाहनत्वात्। योगिपक्षे – वाचंयमतां मौनितां निदिध्यासनात्मकं मौनमित्यर्थः। तथा च कहोलब्राह्मणम् – 'तस्माद्ब्राह्मणः पाण्डित्यं निर्विद्य बाल्येन तिष्ठासेत् बाल्यं च पाण्डित्यं च निर्विद्याथ मुनिः' इति[81]। सहसे शीतातपौ निश्चल इत्यनेन द्वंद्वसहिष्णुता। तथा च भगवद्गीतायाम् – 'शीतोष्णसुखदुःखेषु समः सङ्गविवर्जितः' इति[82]। किंचिन्नैव च याचस इत्यत्रापरिग्रहरूपो यमो ऽभिहितः। तथा च योगभाष्ये – 'विषयाणामार्जनरक्षणक्षयसङ्गहिंसादिदोषदर्शनादस्वीकरणमपरिग्रहः' इति[83]। भुवि यथाजातात्मनेत्यत्र परमहंसाश्रमरूपावधूतचर्योच्यते। प्राणानां प्राणवायूनामाकर्षकृता निरोधकृता प्राणायामेनेत्यर्थः। यमेनाहिंसादिना, नियमेन शौचादिना रूढः, योगस्य यमनियमाद्यष्टाङ्गोपेतत्वात्। अत्र योगपातञ्जले

81 आश्वलायनगृह्यसूत्रम् ३.४.४ दृश्यताम्।
82 भगवद्गीता १२.१८।
83 योगसूत्रे २,३० ।

व्यासचरणभाष्यकृतः – 'यमनियमासनप्राणायामप्रत्याहारधारणाध्यानसमाधयो ऽष्टाङ्गानि' इति। यमादिस्वरूपमपि तत्रैव वर्णितम्। 'अहिंसा सत्यमस्तेयब्रह्मचर्यापरिग्रहा यमाः'। 'शौचसन्तोषतपःस्वाध्यायेश्वरप्रणिधानानि नियमाः'। तत्र 'स्थिरसुखमासनं तद्यथा [84]पद्मासनं वीरासनं भद्रासनम्' इत्यादि। 'तस्मिन्सति निःश्वासप्रश्वासयोर्गतिविच्छेदः प्राणायामः। सत्यासने बह्यस्य वायोराचमनं निःश्वासः। कोष्ठस्थवायोर्निःसारणं प्रश्वासः। तयोर्गतिविच्छेदः उभयाभावः प्राणायामः' इति[85]।

57. धत्स इति। तत्तस्मात्कारणात् हे महिषाधिराज, श्रीवैष्णवाग्रेसरः श्रीवैष्णवश्रेष्ठो भवसि नूनमिति संबन्धः। कस्मादित्याह – शृङ्गयुगं विषाणयुग्मं धत्से वहसि। प्रकर्षेण तप्तमभितः परितो गात्रे देहे चक्रवदङ्कनं चिह्नं धत्स इत्यनुषङ्गः। रोगादिपरिहारार्थं महिषाणां गवां चाङ्गे शूलचक्रार्धचन्द्राद्याकारं चिह्नं तप्तायसशलाकया कुर्वन्ति कृषीवलाः।[86] श्रीरामानुजमण्डलस्य श्रीरूपिणी या रामा तस्या अनुजश्चन्द्रः, तस्य यन्मण्डलं बिम्बं तत्सदृशं चिह्नं मुखे धत्से। श्वेतवर्तुलावर्तशोभितललाटयुक्तस्य महिषस्य कृष्यादौ प्रशस्तत्वेन कृषीवलसंप्रदायो बोध्यः। पङ्क्तीभूय पङ्क्तिस्थो भूत्वा निजस्य स्वस्य प्रकर्षेण बन्धो बन्धनं तस्य समये काले[87] अमन्दारवमधिकशब्दं यथा भवति तथा क्रन्दस्युद्घोषयसि। वैष्णवपक्षे – शृङ्गयुगं शृङ्गसदृशरेखाद्वयम् 'शृङ्गं प्रभुत्वे शिखरे चिह्ने क्रीडाम्बु[88] यन्त्रके' इति विश्वः। अभित उभयत्र भुजद्वये ऽपि प्रतप्तं चक्राङ्कनं तेषां तप्तमुद्राङ्कनस्य पाञ्चरात्राद्यागमसिद्धत्वादिति भावः। श्रीरामानुजमण्डलस्य रामानुजसंबन्धिमण्डलस्य समूहस्य सदृशं योग्यं चिह्नं ललाटादौ मृत्तिकालेपादिकम्। निजप्रबन्धसमये स्वस्य द्राविडप्रबन्धस्य नालायिरप्रबन्धस्येति यावत्। वाचनसमये देवोत्सवादिवेलायां श्रेणीभूयामन्दारवमधिकस्वरं यथा क्रन्दन्ते[89]।

58. शृङ्गेति। शृङ्गाग्रेण विषाणाग्रेण मुहुर्मुहुर्वारं वारं निजतनुं स्वकीयदेहं कण्डूयसे। मौनवान् प्राग्वंशोपहितां प्राचीनाग्रवंशनिर्मितां

84 यमासनं – ते.

85 योगसूत्रेषु २९-४९।

86 रोगादि इत्यारभ्य कृषीवलाः इत्यन्तं न दृश्यते – ते.

87 काल इति न दृश्यते – ते.

88 क्रीडासु – ते.

89 निजप्रबन्धस्य द्राविडप्रबन्धस्य समये देवोत्सवादि वेळायां – ते.

विपुलां विस्तृतां शालां गोष्ठरूपां महिष्या समं प्रविश्यान्तस्तिष्ठसि। प्रागग्रैर्वंशैर्गोष्ठनिर्माणे पश्वादिवृद्धिरिति शिल्पशास्त्रात्। धूलिभी रेणुभिर्धूसरा रूक्षा तनुर्यस्य स तादृशः सर्वदा कृष्यादावेव व्यापृतत्वात्। कृष्णेन नीलेनाजिनेन चर्मणाच्छादितस्तस्माद्धेतोः, हे लुलाय, वाजिमेधक्रतावश्वमेधे ऽश्ववध इत्यर्थः। दीक्षित इवोद्युक्त इव भासि महिषस्य वाहद्विट्त्वात्। दीक्षितपक्षे – शृङ्गाग्रेण कृष्णविषाणाग्रेण 'कृष्णविषाणया कण्डूयते'[90] इति श्रुतेः। मौनवान् 'मुष्टीकरोति वाचं यच्छति' इति श्रुतेः। प्राग्वंशेन प्राग्वंशसंज्ञिक-शालामुखीयेन[91]। 'प्राग्वंशः प्राग्घविर्गेहात्' इत्यमरः। महिष्या कृताभिषेकयाश्वमेधे राज्ञ एवाधिकारात्। धूलिधूसरतनुरवभृथपर्यन्तं दीक्षितस्य स्नाननिषेधात्। कृष्णाजिनेनाच्छादितः 'अजिनेन दीक्षयति'[92] इत्यनेन कृष्णाजिनस्य विहितत्वात्।

59. ग्राह्यो ऽसीति[93]। श्रवणादिभिः श्रोत्रादिभिः परिचयाद् ग्राह्यो हस्तेन ग्रहीतुं योग्यः। कर्षका हि चिरपरिचयेन कर्णे गृहीत्वा पशून् लाङ्गलेषु[94] बध्नन्तो दृश्यन्ते। तत्त्वस्य महिषस्वरूपस्यावमर्शे विचारे कृते सत्यज्ञानमयो ऽस्यज्ञानविकारो ऽसि। किं च बृहदारण्यान्तरे महति वनान्तरे दृश्यसे। योगिभिरुपायज्ञैः। 'योगः संनहनोपायध्यानसंगतियुक्तिषु' इत्यमरः। कर्षकैरिति शेषः। अखण्डाकारया महत्स्वरूपया वृत्त्या जीवनेन। 'वृत्तिर्वर्तनजीवने' इत्यमरः। प्रत्यक्षीक्रियसे। महिषदर्शनस्य कृष्येकप्रयोजनत्वादिति भावः। तस्मात्कारणात् पुच्छमयं पुच्छस्वरूपं ब्रह्म त्वमेवासीति योजना।

ब्रह्मपक्षे तु – श्रवणादिभिः श्रवणमनननिदिध्यासनैः साधनैर्ग्राह्यं ग्रहीतुं योग्यम्। श्रवणं नाम वेदान्तानां ब्रह्मणि तात्पर्यनिर्णयानुकूलमानसव्यापारः। मननं नाम शब्दावधारिते ऽर्थे मानान्तरविरोधशङ्कायां तन्निराकरणानुकूलितर्कात्मकज्ञानजनको मनोव्यापारः। निदिध्यासनं नामानादिदुर्वासनाकलुषितस्य चित्तस्य दुर्विषयेषु स्वच्छन्देन प्रवर्तमानस्य तत आच्छिद्यात्मैकतानता-संपादनानुकूलो मानसव्यापारः। न च मननादीनामेव ज्ञानरूपतया

90 तैत्तिरीयसंहिता ६.१.३.२४।
91 मुखायेन – ना.
92 तैत्तिरीयसंहिता 6.1.3.18।
93 ग्राह्य इति – ते.
94 लाङ्गले – ते.

प्रसिद्धत्वेन तज्जन्यग्रहविषयत्वोक्तिरसंगतेति वाच्यम्। श्रवणादीनां ज्ञानरूपत्वे ज्ञानस्यापुरुषतन्त्रतया विधेयत्वाभावेन मन्तव्य इत्यादि विधायकतव्यप्रत्ययानुपपत्तेः। तथा हि – प्रवर्तनारूपो हि विधिः तव्यप्रत्ययार्थः। प्रवर्तना च प्रवृत्तिफलको व्यापारः प्रवृत्तिश्च कृतिरूपा। तथा च कृत्यसाध्ये चन्द्रमण्डलाहरणादौ प्रवृत्तिप्रवर्तनयोरभावेन चन्द्रमण्डलमाहर्तव्यमिति विधिप्रत्ययो लोकवेदयोर्न प्रयुज्यते। प्रकृते च श्रवणादेर्ज्ञानरूपत्वे 'श्रोतव्यो मन्तव्यो निदिध्यासितव्यः' इति विधिप्रत्ययानुपपत्तिः। तथा च बृहदारण्यके मैत्रेयीब्राह्मणम्[95] – 'आत्मा वा अरे द्रष्टव्यः श्रोतव्यो मन्तव्यो निदिध्यासितव्यः' इति। अतः श्रवणादेर्ज्ञानरूपतानुपपत्तेः श्रवणादिजन्यग्रहविषय इति युक्तमेव। ननु तर्हि दर्शनस्यापि ज्ञानत्वं न स्यात्, द्रष्टव्य इति विधिप्रत्ययश्रवणादिति चेन्न तत्र द्रष्टव्य इत्यस्योद्देश्यपरत्वेन विधेयपरत्वाभावात्। निर्णीतं चेदं शारीरकभाष्यादावाचार्यश्रीभगवत्पादैः। तथा च श्रवणादिभिः करणभूतैः संपादितग्रहविषयत्वाद्ग्राह्यो ऽसि श्रवणादिभिरित्युपपन्नतरमित्यन्यत्र विस्तरः। अत्र श्रवणादिभिर्ग्राह्य इत्युक्त्या शास्त्रयोनित्वादित्यधिकरणे[96] 'तं त्वौपनिषदम्'[97] 'नावेदविन्मनुते'[98] इत्यादिश्रुत्या ब्रह्मणो वेदैकगम्यत्वं निर्णीतमपि सूचितम्। परिचयादभ्यासात्तत्वावमर्शे तत्त्वस्य महावाक्यान्तर्गततत्पदलक्ष्यत्वोपलक्षितपरमात्मस्वरूपस्य। 'तत्त्वं वाद्यप्रभेदे स्यात् स्वरूपे परमात्मनि' इति विश्वः। अवमर्शे विचारे क्रियमाणे सत्यज्ञानमयं ब्रह्म प्रतीयत [99]उपक्रमादिषड्विधतात्पर्यलिङ्गैर्वेदान्तानां निरस्तसमस्तभेदसच्चिदानन्दात्मकब्रह्मपरत्वेन महावाक्यानां निर्णीतत्वात्। यद्वा तत्त्वस्य वस्तुतत्त्वस्य परमात्मरूपस्येत्यर्थः। अवमर्शे विचारे कृते सत्यज्ञानमयं ब्रह्म न तु नैयायिकादिमत इव ज्ञानाद्यधिकरणमिति भावः। न च ग्राह्यो ऽसि श्रवणादिभिरित्यनेनैवास्यार्थस्य सिद्धत्वात्पुनः परिचयादित्युक्तिर्व्यर्थेति वाच्यम्। तस्य श्रवणाद्यभ्यासपरत्वात्। तदभ्यासेनैव सत्यज्ञानानन्दात्मकब्रह्मात्मताविबोधस्य जायमानत्वात्। निर्णीतं चेदम् 'आवृत्तिरसकृदुपदेशात्'

95 बृहदारण्यकोपनिषत् २.४.५।
96 ब्रह्मसूत्रे १.१.३।
97 बृहदारण्यकोपनिषत् ३.९.२६।
98 तैत्तिरीयब्राह्मणम् ३.१२.५५।
99 उपकृते – ते.

इत्यधिकरणे[100] श्रीभाष्यकारचरणैः। बृहदारण्यान्तरे बृहदारण्याख्य-महोपनिषन्मध्ये दृश्यसे। न च सर्वेषां वेदान्तानामद्वितीयब्रह्म-परत्वाद् बृहदारण्यान्तर इति विशेषग्रहणे प्रमाणं नास्तीति वाच्यम्। ब्रह्मविद्याया वार्तिकान्तत्वप्रसिद्ध्या महावार्तिकस्य तदुपरि प्रवृत्तत्वेनोत्तरमीमांसादौ बहुशस्तद्वाक्यस्यैवोदाहरणत्वेन पञ्चम[101]षष्ठाध्याययोः जल्पवादकथाभ्यामद्वितीयब्रह्मनिरूपणेन च विशष्यग्रहणौचित्यात्। योगिभिः सनकादिभिः अखण्डाकारवृत्त्या प्राति पदिकार्थ्यमात्रविषयकवृत्त्या प्रत्यक्षीक्रियते। यद्वा संसर्गानवगाहिन्या वृत्त्या प्रत्यक्षीक्रियते। तदुक्तमाकरे – 'संसर्गासंगिसम्यग्धीहेतुता या गिरामियम्। उक्ता ऽखण्डार्थता यद्वा तत्प्रातिपदिकार्थता।।' इति। प्राति पदिकार्थमात्रपरत्वमखण्डार्थत्वमिति चतुर्थपादार्थः। महावाक्यजन्य-वृत्तेर्निर्विकल्पकरूपत्वेन सिद्धान्तसिद्धतया संसर्गानवगाहित्वस्य प्रातिपदिकार्थमात्रपरत्वस्य च युक्तत्वादिति भावः। पुच्छमयमाधारस्वरूपं पुच्छशब्देनाधारलक्षणात्। अनेन वृत्तिकारा भिमतानन्दमयत्वनिराकरणेन पुच्छब्रह्मज्ञानमेव मोक्षहेतुरिति भाष्यकार्यसिद्धान्तः सूचितः। अत्र प्रसङ्गाच्छिष्यानुजिघृक्षया महावाक्यसमानाकारं वाक्यं प्रयुङ्क्ते – 'परमं ब्रह्म त्वमेवासि' इति। तत्र ब्रह्मपदवाच्यस्य विभुत्वादिविशिष्टस्य त्वं पदवाच्येनान्तः-करणादिविशिष्टेनैक्यायोगादैक्यप्रतीतिनिर्वाहाय चिन्मात्रलक्षणया तद्विषयकनिर्विकल्पकात्मकः शब्दबोध इति प्राञ्चः। अन्ये तु – शब्दजन्यसप्रकारकबोधजनितः चिन्मात्रगोचरो मानसः साक्षात्कारो मोक्षहेतुः। पदद्वयबोध्यकिंचिज्ज्ञत्वसर्वज्ञत्वयोरैक्यासंभवे ऽपि पद-जन्यप्रतीतिविशेष्यीभूतपदार्थद्वयानुगतचैतन्याभेदसंभवमात्रेणैव सामान्याधिकरण्योपपत्तेर्न लक्षणेति वदन्ति। सर्वथा ऽपि 'परमं ब्रह्म त्वमेवासि नः' इत्यनेन महावाक्यार्थबोधसंभवात् तद्द्वारा परमपुरुषा र्थप्राप्तिरेतद्ग्रन्थाध्ययनप्रयोजनमिति सुधीभिर्विभावनीयम्।

60. गोत्रेति। गोत्रायाः पृथिव्या उद्भेदने विदारणे कौशलं सामर्थ्यं प्रथयसे विस्तारयसि। 'गोत्रा कुः पृथिवी पृथ्वी' इत्यमरः। प्रत्यूषे प्रभाते सकुक्कुटरवे ताम्रचूडध्वनियुक्ते सति हलानां समूहः हल्या। 'पाशादिभ्यो यः' इति समूहार्थे यप्रत्ययः। तया गले कण्ठ आलिङ्गनमाश्लेषं कुरुषे। बह्वप्सरःस्वादृतः बह्व्यः आपो येषु तानि तथोक्तानि तानि च तानि सरांसि च तेष्वादृतः। यद्वाब्भिर्युक्तानि

100 ब्रह्मसूत्रम् ४.१.१-२ ।
101 पञ्च – ते.

सरांस्यप्सरांसि बहूनि च तान्यप्सरांसि चेति विग्रहः। एवं च समासान्तस्यानित्यत्वकल्पनादोषो ऽपि निरस्तः। स्वस्थाने स्वावासस्थाने करीषकर्दमादियुक्ते ऽपि मुदितः संतुष्टः। स्वस्य रूपेण स्वभावेन। 'रूपं स्वभावे सौन्दर्ये' इति विश्वः। गतया प्राप्तया श्रिया संपदा युक्तो विशिष्टः। हे लुलायराज, त्वं महतीं विपुलां देवेन्द्रलक्ष्मीं वहन्सन् मद्गृहे गोष्ठे तिष्ठ। इन्द्रपक्षे – गोत्रस्य पर्वतस्य। 'अद्रिर्गोत्रगिरिग्रावा' [102]इत्यमरः। अहल्यागलालिङ्गनमिति छेदः। इन्द्रो हि प्रभातसमये गौतमवेषेण गौतमाश्रमं प्रविश्याहल्यां भुङ्क्त्वा गौतमेन शप्त इति श्रुतिस्मृतिपुराणादिषु प्रसिद्धिः। बह्व्यश्च ता अप्सरसः रम्भाप्रभृतयस्तासु। स्वस्थाने स्वर्गस्थाने। 'स्वरव्ययं स्वर्गनाक' [103]इत्यमरः। स्वरुणा वज्रायुधेन। 'शतकोटिः स्वरुः शंबुः' इत्यमरः।

61. नित्यमिति। नित्यं प्रत्यहं धीरं यथा तथानांसि शकटानि। 'अनः शकटमस्त्रियाम्' इत्यमरः। कर्षस्याकर्षसि। सदा सर्वकालं रत्यां क्रीडायां समुत्साहवान् प्रीतिमान्। मुग्धानां मूढानामुपमासि दृष्टान्तो ऽसि। उपमापदेन सादृश्यप्रतियोगी लक्ष्यते। 'मुग्धः सुन्दरमूढयोः' इत्यमरः। मासि तपसि माघमासे। 'तपो माघे' इत्यमरः। ज्याया भूमेः। 'क्षोणी ज्या काश्यपी [104]क्षितिः' इत्यमरः। कर्षणेन विलेखनेनोज्झितस्त्यक्तस्तदानीं कृष्यारम्भाभावात्। विषमेषु निन्दितेषु कर्मस्वभक्ष्यभक्षणादिष्वित्यर्थः। सामर्थ्यं भजन्नग्रे पुरतः वसन्तं वर्तमानं स्पृशन् घर्षयन् हे महिषेन्द्र त्वं मन्मथ इव प्रत्यक्षमालक्ष्यसे। मन्मथपक्षे – धीराणां योगिनां मनांसि चित्तानि कर्षसि क्षोभयसि। रत्यां स्वीयभार्यायाम्। मुग्धानां सुन्दराणाम्। तपोमासि ज्याकर्षणे मौर्वीविकर्षणे। 'मौर्वी ज्या शिञ्जिनी गुणः' इत्यमरः। नोज्झितः न त्यक्तवान्। 'उज्झ विसर्गे' इत्यस्माद्धातोर्भावे क्तप्रत्यये अर्शआद्यच्प्रत्ययः। तथा च ज्याकर्षणं नोज्झितवानित्यर्थः। पीता गावो भुक्ता ब्राह्मणा इति महाभाष्यानुसारात्। यद्वा, उज्झितं त्यागः, न विद्यत उज्झितं यस्य नोज्झितः। न च नलोपः शङ्क्यो नशब्दसमासाङ्गीकारेण नलोपाप्रसक्तेरिति दिक्। विषमाः पञ्चसंख्याकाः य इषवो बाणास्तेषां कर्मसु संधानादिषु, अग्रे वसन्तं वसन्ताख्यमृतुम्।

102 इत्याद्यमरः – ते.

103 इत्याद्यमरः – ते.

104 क्षितिरिति न दृश्यते – ते.

62. मूर्तिमिति। नीलां कृष्णां मसृणां कर्कशाम्। 'मसृणः कर्कशो स्निग्धः' इति विश्वः। नरैर्मनुष्यैर्नित्याभिषिक्तां मूर्तिं शरीरं बिभर्षि। पञ्चषचक्रतः पञ्चषचक्रैः ग्राह्यः विक्रेतुं योग्यः। चक्रमिति द्रव्यपरिमाणविशेषे दाक्षिणात्यप्रयोगात्। बन्धो बन्धनं मोक्षो बन्धन-स्थानाद्गोष्ठाल्लाङ्गलाद्वा मुक्तिस्तदुभयमपि कलयसि करोषि। महिषबन्धनमोक्षयोरन्यकर्तृकत्वे ऽपि सौकर्यातिशयविवक्षया स्थाली पचतीतिवत्प्रयोगो गौणः। सुक्षेत्रस्य उत्तमशालिक्षेत्रस्य श्रियं सस्यादिद्वारा शोभामादधासि करोषि। महता अज्ञानेन जाड्येन पूज्यः संरक्षणीयो विवेकिनां कृष्यादौ प्रवृत्त्यदर्शनात्। तत् तस्मात्कारणात् सालग्राम इवावभासि। हन्तेत्याश्चर्ये। सालग्रामपक्षे – पञ्चषचक्रतो ग्राह्य चक्राधिक्ये भगवत्संनिधानाधिक्यात्। बन्धमोक्षौ संसारापवर्गौ। सुक्षेत्रेण समीचीनक्षेत्रेण द्वादशमूर्तिसमावेशरूपेण श्रियं सार्वभौमादिसंपत्तिम्। महता ज्ञानेन अत्युत्तमश्रद्धारूपेण।

63. गम्भीर इति। गम्भीरश्चित्तचापलरहितः स्तिमितो निश्चलः कम्पं भयं नायसे न प्राप्नोषि। अपानेनापानवायुना गृह्यो निन्द्यः। प्रायः प्रायेण सदाशनक्रमं भक्षणक्रमं करोतीति तादृशः। नित्यं सर्वदा न दीनो याच्ञादिदैन्यरहितः। पृथुभिर्महद्भिः रोमभिः संपूर्णो व्याप्तः। वृद्धिं भक्षणादिजनितशरीरवृद्धिं भजसे प्राप्नोषि। क्षयं गृहम्। 'निवेशः शरणं क्षयः' इत्यमरः। अश्नुषे गच्छसि। तत्तस्मात्कारणात्, हे कासरमण्डलेश्वर महिषयूथाधिप जलप्रायो जडप्रायो नो ऽस्माकं समुद्रो मुद्रया चिह्नेन सहितो ऽसि भवसि। समुद्रपक्षे – गम्भीरो निम्नरूपः। 'निम्नं गभीरं गम्भीरं' इत्यमरः। तिमितो मत्स्यविशेषात् कम्पं चलनम्। अपानेन पानाभावेन। दाशाश्च जलसंचारिनरा नक्रा ग्राहाश्च मकरा मत्स्यविशेषाश्च तैः सहितः। नदीनां गङ्गाप्रभृतीनामिनः पतिः। पृथुरोमभिर्मत्स्यविशेषैः। 'पृथुरोमा झषो मत्स्यः' इत्यमरः। क्षयवृद्धी ह्रासाधिक्ये।

64. अर्कमिति। नवं नूतनमर्कमर्कवृक्षं भक्षयितुं प्रधावसि प्रकर्षेण गच्छसि। जनानां लोकानामानन्दनः संतोषजनकः सन् समुत् मुदा संतोषेण सहितं यथा भवति तथा रतं सुरतरूपमेव रणं युद्धं कृत्यं कुरुषे। अक्षं शकटावयवदारुविशेषं प्रति क्रोधवशेन भङ्क्तुमाधावसि। वीर्यस्य बलस्याधिक्यवशादुपर्युपर्युत्तरोत्तरमुत्साहं कामं मन्मथविकारं च भजन्, हे महिषाधिराज, भुवनेषु लोकेष्वन्यः प्रसिद्धहनुमदपेक्षयेतरो हनूमानिति मन्ये। हनुमत्पक्षे – अर्कं रविं कृती कुशलः। 'कृती कुशलः' इत्यमरः। अञ्जनाया नन्दनः पुत्रो निःशङ्कं

यथा तथा निर्भयं यथा तथा समुद्रतरणं शतयोजनविस्तीर्णसमुद्रोल्लङ्घनम्। अक्षमक्षाख्यं रावणसुतम्। वीर्याधिक्यवशात् पराक्रमातिरेकादुपर्युपरि काममधिकमुत्साहं रणोत्साहम्। अत्र नवोदितार्कं फलबुद्ध्या भक्षयितुं प्रवृत्ते हनुमतीन्द्रप्रयुक्तवज्रायुधात्कुण्ठीभूते देवताभ्यो वरं प्राप्य शतयोजन्यविस्तीर्णसमुद्रं तीर्त्वाक्षकुमारादिसर्वराक्षसान्हत्वा श्रीरामप्रसादं संपादयामास हनुमानिति श्रीमद्रायाणादिकथानुसंधेया।

65. लोकेति। लोके भुवने ख्याताः प्रसिद्धाः सहस्रदोषा अविवेकित्वादयो यस्य तादृशमखिलेषु बहुषु द्वीपेषु जलमध्यस्थभूप्रदेशेषु संचारिणं नर्म सुखं ददातीति नर्मदं सुखप्रदमम्बु जलं तस्मिन्क्रीडन्तं मुदा सन्तोषेण कीर्त्या कर्दमेन। 'कीर्तिर्यशसि कर्दमे' [105]इत्यमरः। समालिङ्गितं समाशिलष्टं सम्यगादराद्विश्वासाद् भुवि भूमावुषितमुपविष्टम्। कर्षकैरुपवेशितमित्यर्थः। सदसि सभायां संमर्देषु संघर्षेषु[106]चापास्तः निरस्तः त्रसो भयं यस्य तादृशम्। 'त्रसी[107] उद्वेगे' इत्यस्माद्धातोः घञर्थे कविधानमिति कप्रत्ययः। 'विश्वत्रसात्र सविलक्षणलक्षितायाः' इति प्राचीनप्रयोगात् त्रसशब्दस्य भयपरत्वं बोध्यम्। अपास्तत्रपमिति पाठश्चिन्त्यो महिषे लज्जाप्रसक्त्यभावात्। प्रायो बहुशः, हे सैरिभ कासर त्वां कार्तवीर्यार्जुनं कृतवीर्यात्मजं राजानं भुवि भूलोके जनाः मनुष्याः मन्वते जानते। कार्तवीर्यार्जुनपक्षे - लोकख्याताः सहस्रं दोषो बाहवो यस्य स तादृशम्। अखिलद्वीपेषु संचारिणमखिलद्वीपेषु यज्ञानुष्ठानार्थं संचारस्य पुराणप्रसिद्धत्वात्। नर्मदाया रेवाया अम्बुनि जले तस्य रेवातीरवासित्वात्। कीर्त्या यशसा भूषितं भूषणैः किरीटादिभिर्भूषितम्। आदरात्संतोषेण सन्तः समीचीना ये ऽसिसंमर्दाः खड्गयुद्धानि तेष्वपास्तस्त्रसो यस्य तादृशम्।

66. उल्लेखानिति। उल्लेखान् कृषिविशेषान् विविधान् बहुविधकठिनमृदुपङ्कादिभेदेन बहुविधान् करोषि तनोषि। तव पदस्य चरणस्य न्यासो ऽन्यादृश इतरविजातीयः। पद्यायाः मार्गस्य। 'सरणिः पद्धतिः पद्या' इत्यमरः। आलोकने दर्शने दत्तदृष्टिः प्रापितचक्षुष्कः। भक्षणार्थमिति भावः। प्रायः प्रबन्धे बन्धन एव स्थितो गृहे वा केदारे वा सर्वदा बद्धत्वात्। कोशस्य धनधान्यादिसमुदायस्याधारतया

105 इत्युभयत्राप्यमरः – ते
106 अपास्तं निरस्तं – ते
107 त्रसि – ते.

मूलतया स्थितश्चरसि भक्षयसि। न तु तद्भक्षणं व्यर्थमिति भावः। कप्राये जलप्राये। 'कं शिरो ऽम्बुनोः' इत्यमरः। स्थले प्रदेशे सादरः। तेन कारणेन, हे महिषाधिराज, सुकविं त्वां मन्यामहे। कविपक्षे – उल्लेखान् विविधान् बहुविधानुल्लेखालंकारानित्यर्थः। पदन्यासो वैदर्भ्यादिरीतिविशेषः। पद्यस्य श्लोकस्यालोकन आलोचने दत्तदृष्टिः प्रबन्धे ग्रन्थकरणे कोश अमरादिराधारो मूलप्रमाणं यस्य सः तस्य भावस्तत्ता तया स्थितश्च। रसिकप्राये रसिकभूयिष्ठे स्थले प्रदेशे सादरो ऽरसिकेषु कवेः प्रयोजनाभावात्।

67. वर्णैरिति। नैकविधैरनेकप्रकारैर्वर्णैर्नीलादिभिर्युतो ऽसि च। रसा भूमिराधारः स्थानं यस्य स तादृशः। बन्धैर्बन्धनैरुज्ज्वलः शोभमानो बन्धनपरित्यागे स्वेच्छया कर्दमादिलुठनेन मलिनत्वादिति भावः। वृत्तः पुष्ट आत्मा देहो यस्य तादृशः। ध्वनिगर्भितः सर्वदा क्रन्दनस्वभावः। बहुभिश्चतुर्भिः पादैश्चरणैरुपेतो ऽसि। तत्तस्मात्कारणात्, हे महिषेन्द्र, सत्कविकृतः कालिदासादिरचितः श्लाघयितुं योग्यो यः प्रबन्धो नाटकादिः स इवाचरसि। अत इति शेषः। अतः कारणात्त्वां पुनः पुनरालोक्य नवरसालंकारं नवश्चासौ रसाया भूमेरलंकारश्च तमीहामह इच्छामहे। प्रबन्धपक्षे – वर्णैः कादिभिरक्षरैः। रसानां शृङ्गारादीनामाधारो ऽसि। बन्धेन खड्गपद्ममुरजादिबन्धेनोज्ज्वलः। वृत्तात्मा स्रग्धरादिवृत्तात्मा। ध्वनिना व्यङ्ग्यार्थेन गर्भितो युक्त इत्यर्थः। अत्र श्लाघ्यप्रबन्धायस इत्यनेन महाकविप्रणीतोत्तमकाव्यसादृश्यं प्रतिपिपादयिषितम्। तच्च पूर्वोत्तरविशेषणसन्दर्भैः स्पष्टम्। तथा हि – रसाधारो ऽसीत्यनेन नवरससंपत्तिः प्रतीयते। तया निर्दोषत्वमपि ध्वन्यते दोषसत्वे रसाप्रतीते रसाभिव्यक्तिप्रतिबन्धकस्यैव दोषत्वात्। तदुक्तमालंकारिकैः – 'रसास्वादविरोधित्वं दोषत्वं परिकीर्तितम्' इति। बन्धोज्ज्वल इत्यनेन शब्दालंकारसंपत्तिः। ध्वनिगर्भित इत्यनेन वाच्यातिशायिव्यङ्ग्यप्रतीतिः। तदुक्तं काव्यप्रकाशे – 'वाच्यातिशायि व्यङ्ग्यं यदुत्तमं तद्ध्वनिश्च सः' इति। न च पूर्वार्धेन प्रबन्धसादृश्यं हेतुत्वेन [108]प्रतिपाद्यम्। त्वामालोक्येत्यादिना नवरसालंकारप्रतिपादनात् प्रबन्धे ऽपि नव रसा वक्तव्याः। तथा च काव्यप्रकाशविरोधस्तत्र रसनिरूपणावसरे ऽष्टानां रसानां प्रतिपाद्यमानत्वादितिवाच्यम्। तस्यनाट्याभिनेयरसपरत्वात्। तदप्युक्तं

108 प्रतिपाद्य – ते.

तत्रैव[109] – 'शृङ्गारहास्यकरुणरौद्रवीरभयानकाः। बीभत्साद्भुतसंज्ञौ चेत्यष्टौ नाट्यरसाः स्मृताः॥' इति। शान्तरसस्याभिनेयत्वाभावेन नाट्यरसत्वाभावात्। 'निर्वेदस्थायिकः[110] काव्ये शान्तो ऽपि नवमो रसः' इति तत्रैव[111] नवरसस्य व्यक्तत्वान्नवरसालंकारत्वं प्रबन्धे युक्तमेवेत्यन्यत्र विस्तरः।

68. प्रीतिमिति। मृदा मृत्तिकया युक्तमङ्गं मृदङ्गं तस्मात्प्रीतिं संतोषं यासि प्राप्नोषि कर्दमादिषु स्वाच्छन्द्येन प्रवृत्तिदर्शनादिति भावः। तनौ शरीरे तालप्रमाणं तालवृक्ष्यसदृशौन्नत्यं कलयसे। तद्वदुन्नतो भवसीत्यर्थः। नृणां पुरुषाणां व्यञ्जकं स्वीयलिङ्गं संदर्शयन् बहुलमधिकं यदास्यकर्म महिषीमनोजगृहाघ्राणमुखोन्नमनादिरूपं तत्र चातुर्यं कलयस इति पूर्वेणान्वयः। बहुविधादनेकप्रकारात्कृष्यादि रूपात्स्वीयपरिश्रमात् स्वकीयखेदात् कारणीभूतात् संपादितैरथैर्ध नधान्यादिभिर्जनं लोकं सभारं भारयुक्तं कुर्वन् हे सैरिभमण्डलेन्द्र भरताचार्यत्वं भरतशास्त्रज्ञत्वम्, त्वमिति शेषः। आलम्बसे प्राप्नोषि। भरताचार्यपक्षे – मृदङ्गतो वाद्यविशेषाच्चर्मावनद्धमुखरूपात्। तदुक्तं संगीतरत्नाकरे वाद्याध्याये[112] – 'चतुर्विधं भवेद्वाद्यं वृत्तं सुषिरमेव च। अवनद्धं घनं चेति ततं च त्रिविधं भवेत् ॥वीणादि सुषिरं वंशकाहलादि प्रकीर्तितम्। चर्मावनद्धवदनं वाद्यते पटहादिकम् ॥अवनद्धं च तत्प्रोक्तं कांस्यतालादिकं घनम्॥' इति। तनौ तालस्य तालाख्यस्य प्रमाणं शास्त्रोक्तं मानम्। तालस्वरूपमपि तत्रैवोक्तम् – 'तालः काल इति प्रोक्तः सो ऽवच्छिन्नो द्रुतादिभिः। गीतादिमानकर्ता स्यात्स द्वेधा कथ्यते बुधैः॥' इति। लास्यकर्मसु नर्तनकर्मसु। 'लास्यं नृत्तं च नर्तनम्' इत्यमरः। बहु चातुर्यं चतुर्विधत्वम्। तत्स्वरूपमुक्तं संगीतसारोद्धारे – 'निरूपिते गीतवाद्ये नर्तनं प्रोच्यते ऽधुना। नर्तनं गात्रविक्षेपविशेषः कार्यते बुधैः॥' इति। व्यञ्जकमभिनयं संदर्शयन्। 'व्यञ्जकाभिनयौ समौ' इत्यमरः। तत्स्वरूपमपि तत्रैव निरूपितम् – 'प्रकटीकुरुते पात्रमाभिमुख्येन यो ऽर्थगः। पदार्थगो ऽप्यभिनयश्चतुर्धा स निरूपितः॥ आङ्गिको वाचिकस्तद्वदाहार्यः सात्विको ऽपरः। आङ्गिको ऽङ्गैर्विनिर्वृत्तौ नाटकादिस्तु वाचिकः ॥आहार्यो हारकेयूरकिरीटादिनिरूपणम्। सात्विकः सात्विकैर्भावैर्नर्तकेन विभावितः॥' इति। एतेषां निरूपणं तु तत्रैव बोध्यम्। विस्तरभयान्न लिख्यते।

109 काव्यप्रकाशः ४.६।
110 स्थाधिकः – ते.
111 काव्यप्रकाशः ४.१२अ।
112 वाद्यप्रकरणे – ते.

अथैकादशभिः भगवतः श्रीमहाविष्णोरवतारदशकं महिषेश्वरेऽपि निरूपयति[113] –

69. त्वमिति। त्वं मुहुर्मुहुरुन्मज्जन्निमज्जंश्च श्रुत्योः श्रोत्रयोरुद्धरणमूर्ध्वोन्नमनं करोषि। पारावारस्य समुद्रसदृशजलाशयस्य पयोऽन्तराले जलमध्ये विहृत्या विहारेण प्राप्तः प्रमोदः संतोष एवोत्सवो येन[114] स तादृशः। ततो जलावगाहानन्तरं बहुमुखं बहुप्रकारं विधिं व्यापारं कृषिधान्यवहनादिकं प्रीत्यागमेष्वादरात्प्रीतिप्राप्तिष्वादरात् संप्राप्नोषि। तत्तस्मात्कारणात् हे महिषक्षितीश्वर, भवान् मत्स्यावतारो हरिर्नूनम्। मत्स्यावतारपक्षे – पारावारस्य समुद्रस्य। 'पारावारः सरित्पतिः' इत्यमरः। श्रुत्युद्धरणं वेदोद्धरणम्। ततो वेदोद्धरणानन्तरं बहुमुखं चतुर्मुखं, विधिं ब्रह्माणम्, वेदप्रतिपादनार्थं प्राप्त इति पुराणप्रसिद्धिः।

70. वज्रादिति। वज्रादपि हीरकादप्यतिनिष्ठुरमतिकठिनं तव पृष्ठं धरायां भूम्यामधिष्ठितमुपविष्टम्। तव निःश्वासास्तु पयोनिधेरपि महाह्रदस्यापि प्रक्षोभः कलुषीकरणं तत्र दक्षाः समर्थाः। आशये जलाशये कच्छानामनूपानाम्। 'आभिमुख्येऽथ कच्छः स्यादनूप...' इति विश्वः। पालिषु समूहेषु स्वीयत्वेन स्वकीयत्वेन प्रीतिं दधासि। तेन कारणेन हे महिषेन्द्र, कूर्मावतारो हरिर्नूनम्। कूर्मपक्षे – धरायां भूम्यामधिष्ठितं पृष्ठं पृष्ठभागः। कच्छपानां कूर्माणामालिषु समूहेषु। आशये अन्तःकरणे। अन्यत्सर्वं समानम्।

71. उत्साहेनेति। उत्साहेन संतोषेण पुरा प्रथमं वरः श्रेष्ठ आहवो युद्धं पुष्णातीति तादृशस्तेन शृङ्गेण विषाणेन गां धेनुमुद्धरसि। गवा युद्धप्रसक्तौ गां शृङ्गाग्रेण क्षिपसीत्यर्थः। उद्दाम उत्सृष्टदामक आत्मगुणो यस्य स तादृशः। दामेति बहुपशुबन्धनयोग्यमहारज्जौ प्रसिद्धिः। तस्मादात्मबन्धनरज्जुं छित्वा धावसीत्यर्थः। सितं श्वेतं स्ववदनं स्वमुखं व्यावृत्य परावृत्य आलोकसे ईक्षसे। भुवनानि जलानि। 'भुवनं विष्टपे लोके[115] सलिले ऽपि वियत्यपि' इति विश्वः। पातुं सौकर्यं सुकरत्वं महाविस्तृते तटाकादाविति[116] शेषः। अयसे प्राप्नोषि। तस्मात्त्वां श्वेतवराहमूर्तिमहं जाने। वराहपक्षे – वराहवपुषा सूकरदेहेन गां भूमिं। महाविस्तृते वक्त्रे सौकर्यं सूकरभावम्। कण्ठादधो मानुषाकारत्वादिति भावः। भुवनानि लोकानि पातुं रक्षितुम्।

113 अवतारिकेयं न दृश्यते – ते.

114 यस्य – ते.

115 तोके – ते.

116 तटाकादिविति – ते.

72. क्षेत्रज्ञस्येति। क्षेत्रं स्वकृष्टशाल्यादिक्षेत्रं जानातीति क्षेत्रज्ञः। गृहान्मुक्तः परिचयवशात्स्वीयकेदारमेव गच्छतीति भावः। हिरण्यस्य सुवर्णस्य वर्धनं वृद्धिं करोतीति तादृशस्य प्रकर्षेण ह्लादं संतोषं आसमन्तात्पुष्णातीति तादृशस्य। उपनिषद्वरं निषद्वरस्य पङ्कस्य समीपम्। 'निषद्वरस्तु जम्बालः' इत्यमरः। प्राप्तस्य पृथुतरस्तम्भाद्दृढस्थूलतरस्तम्भाद्बहिर्नियतो गच्छतः। स्तम्भस्याल्पपरिमाणत्वे तमुत्पाट्य पलायनसंभवादिति भावः। लोकानां जनानां स्थितये वृत्त्यर्थं निजां स्वाभाविकीं केदारलक्ष्मीं केदारजनितश्रियं धनधान्यत्वादिरूपां श्रितस्य प्राप्तस्य, हे कासरेश्वर विभो, तव श्रीमन्नृसिंहस्य च को भेदः? को ऽपि भेदकधर्मो नास्तीत्यर्थः। नृसिंहपक्षे – क्षेत्रज्ञस्य सर्वप्राणिनामन्तर्यामितया आत्मरूपस्य। 'क्षेत्रज्ञ आत्मा पुरुषः' इत्यमरः। हिरण्यस्य हिरण्यासुरस्य वर्धनं छेदनं करोतीति तादृशस्य। प्रह्लादं तत्पुत्रं निजभक्तमापुष्णतो रक्षतः। उपनिषद्वरं नृसिंहतापनीप्रभृतिम्। पृथुतरस्तम्भान्निर्यतः स्तम्भादेव नृसिंहाविर्भावादिति भावः। लोकानां भूरादीनां स्थितये अवस्थानार्थं निजाङ्के स्वीयोत्सङ्गप्रदेशे दारात्मिका कलत्रात्मिका या लक्ष्मीस्तां श्रितस्य प्राप्तस्य। [117]हिरण्याक्षं हत्वा तदीयरक्तं पीतवतो भगवतः क्रोधाधिक्यवशात्सर्वजगत्संहारे कृतोद्योगस्य लक्ष्मीसंनिधानात् क्रोधशान्तिरिति [118]पौराणिककथा ऽनुसन्धेया।

73. काविति। कौ भूमौ। 'गोत्रा कुः पृथिवी' इत्यमरः। पीनाङ्गतया पुष्टाङ्गतया स्थितो ऽसि। दण्डो हस्ते यस्य स तादृशेनान्वितः चरसि। सोत्साहं यथा तथा बलिना बलवता प्रतिस्पर्धिना प्रतिद्वंद्विना स्पर्धां कलहं कलयसि। रसातले भूतले पादं न्यस्य स्ववपुषा त्वं पुष्करं जलं गाहसे प्रविशसि। तेन कारणेन त्रिविक्रमकृतं त्रिविक्रमावतारकृतं नारायणंमहाविष्णुंमन्महे[119]जानीमः। त्रिविक्रमपक्षे–कौपीनाङ्गतया कौपीनाच्छादनवत्तया वामनावतारस्य ब्रह्मचारिवेषत्वात्। दण्डयुक्तो हस्तो दण्डहस्तस्तेनान्वितः। बलिना वैरोचनिना। रसातले पाताल एकं पादं निक्षिप्य पुष्करं गगनम्। 'व्योमपुष्करमम्बरम्' इत्यमरः। त्रिविक्रमकृतं पदत्रयविक्षेपकृतम् ।।73।।

74. निर्धूनोषीति। गुरुमुदे महासंतोषाय महान्तो रेणवो यस्याः सा तां महारेणुकां स्वीयां लसन्ती शोभमाना या तनुस्तां निर्धूनोषि

117 हिरण्यकशिपुमिति समीचीनपाठ इति भाति। (*MŚ*).

118 पौराणीकथा – ते.

119 जानामि – ते.

कम्पयसे। रूढं रूढमुत्पद्योत्पद्य स्थितमिति शेषः। अशेषं यथा तथार्जुनकुलं तृणवर्गम्। 'यवसं तृणमर्जुनम्' इत्यमरः। आमूलं मूलमारभ्य उन्मूलयन्नुत्पाटयन् कीलालैर्जलैः। 'पयः कीलालममृतम्' इत्यमरः। भरितेषु पूरितेषु विस्तृतसरःसु सुमहाजलाशयेष्वामज्ज्य संतुष्टधीः प्रसन्नबुद्धिः। हे महासैरिभ, त्वं भार्गवरामसाम्यं परशुरामसाम्यमधुनेदानीं धत्से। परशुरामपक्षे – लसत्तनुं शोभितदेहां गुरोर्भृगोर्महर्षेः मुदे स्वीयां स्वकीयमातरं महारेणुकां रेणुकादेवीम्। अर्जुनकुलं कार्तवीर्यार्जुनकुलम्। कीलालैः रक्तैः। 'शोणिते ऽम्भसि कीलालम्' इत्यमरः। क्षत्रकुलं हत्वा रक्तसरसि पितृतर्पणं कुर्यामिति तत्प्रतिज्ञानादिति भावः।

75. मञ्जूषेति। मञ्जू मनोज्ञा उषा लवणाकरभूमिः। 'उषा स्याल्लवणाकरः' इत्यमरः। तयाञ्चितो युक्तो रौद्रो भयंकरो धन्वा मरुभूमिः। 'समानौ मरुधन्वानौ' इत्यमरः। सुदृढज्या कठिनभूमिस्तयोराकर्षणे ख्यातिमान् प्रसिद्धिमान्। सर्वा ऽपि भूमिर्महिषेण क्रष्टुं योग्येति भावः। सीतायां लाङ्गलपद्धतौ। 'सीता लाङ्गलपद्धतिः' इत्यमरः। प्रणयं स्नेहं करोषि। जनस्थाने जनावासे भयं न धत्से। वाहिन्यां नद्यां शराणां दर्भाणां शिरश्छेदमग्रखण्डनं कुरुषे यथेष्टं यथाभिलषितं चरन् भक्षयन्। निजलक्ष्मणा निजचिह्नेनान्विततया श्रीमँल्लुलायप्रभो त्वं रामो दाशरथिः। रामपक्षे – मञ्जूषायां पेटिकायामञ्चितं रौद्रं रुद्रसम्बन्धि यद्धनुस्तस्य सुदृढातिकठिना ज्या मौर्वी। 'मौर्वी ज्या शिञ्जिनी गुणः' इत्यमरः। सीतायां जनकात्मजायाम्। जनस्थाने खरदूषणादिराक्षसावासे। रामः स्वयमेको ऽपि चतुर्दशसहस्रराक्षससमध्ये न बिभेतीति भावः। वाहिन्यां सेनायामाशराणां राक्षसानां शिरश्छेदं चरन् संचरन्निति।

76. कृष्ण इति। ते कृष्णो नीलवर्णः सहजः सहोत्थः। स्कन्धे अंसे प्रलम्बाकृतिं लम्बमानं हलं लाङ्गलं वहसि। त्वं धूनोषि कम्पयसे। हलमित्यनुषज्यते। हलाञ्चलेन लाङ्गलाग्रेण धरणीं भूमिमाग्रहात्कोपादुन्मूलयसि विदारयसि। मदिरां मत्संबन्धिनीमिरां लक्ष्मीं धनधान्यादिरूपां पातुं रक्षितुं सादरो ऽस्यादरयुक्तो ऽसि। संकर्षणः सम्यक्कृषिकर्ता। नीला अंशवः कान्तयो यस्य तन्नीलांशुकं स्वं स्वकीयं वपुः शरीरं वहन्, हे श्रीमत्कासर, त्वं बलराम एव। बलरामपक्षे – कृष्णः श्रीवासुदेवः। हलं हलायुधम्। प्रलम्बाकृतिं प्रलम्बासुरम्। हलाञ्चलेन सीराग्रेण धरणीं हस्तिनापुरीम्। मदिरां मद्यम्। 'मदिरा कश्यमद्ये च' इत्यमरः। संकर्षणः संकर्षणसंज्ञकः। नीलमंशुकं वस्त्रं यस्य तन्नीलांशुकम्।

77. समिति। सहजं स्वाभाविकं बलं पराक्रमं संप्राप्तः कृष्णात्मना नीलवर्णशरीरेण महान् महच्छरीरको जातो ऽस्युत्पन्नो ऽसि। मुखेन वक्त्रेण सरसः कासारात् कं जलं सानन्दं यथा तथा गृह्णासि। अहो आश्चर्यम्। गोपान्वितः गोपालेनान्वितः। नैकाभिर्बह्वीभिर्महिषीभिरन्वहमपि प्रत्यहमपि मुदा क्रीडां रतिं विधत्से करोषि। साक्षाच्छ्रीयदुनाथ एव श्रीकृष्ण एव, हे महिषाधिराज, त्वं संलक्ष्यसे समालोक्यसे। श्रीकृष्णपक्षे – सहजमग्रजं बलं बलभद्रं महान् सर्वपूज्यः कृष्णात्मना कृष्णरूपेण। कंसस्यासुरविशेषस्यानन्दं संतोषम्। अहोमुखेन अरुणोदयकालेन। 'अहरादीनां पत्यादिषु वा रेफः' इति[120] रेफस्य वैकल्पिकत्वात्। महिषीभिर्नैकाभिः षड्च्छताधिकषोडशसहस्रस्त्रीभिः।

78. निर्धूयेति। श्रुतिं श्रवणं निर्धूय व्याधूय। अपां प्रमाणमिदमिति जलानामन्तर्मध्यप्रदेशे भवन्। जलमध्यगतं महिषं दृष्ट्वा जना एतावज्जलं जानुदघ्नमूरुद्वयसमिति जानत इत्यर्थः। निन्दितं कर्मोच्छिष्टादिभक्षणमिष्टं विरचयन् कुर्वन्। महासंकरमधिकमवकरम्। 'संकरो ऽवकरः' इत्यमरः। कुर्वन् शुद्धप्रदेशे ऽपि तृणकरीषादिकरणेनावकराधिक्यं करोषीत्यर्थः। सन्मार्गस्य समीचीन्यमार्गस्य प्रतिदूषको मूत्रविसर्गादिभिर्मलिनीकरणहेतुः। भुवि यथाजातात्मना नग्नत्वादिना वर्तसे तिष्ठसि। तेन कारणेन, हे कासरपते, त्वां बौद्धावतारं हरिं गणयामि। बौद्धपक्षे – श्रुतिं वेदमप्रमाणमिति न प्रमाणमिति निर्धूय जडानामन्तः अन्तःकरणे भवन्। मूढानां वेदा अप्रमाणमिति ज्ञापयन्नित्यर्थः। इष्टं यागादिकं कर्म निन्दितं विरचयन् हिंसात्वेन प्रतारयन्। महासंकरं वर्णाश्रमधर्मसंकरम्। सतां महर्षीणां मार्गस्याचारस्य प्रतिदूषकः। यथा जातात्मना बौद्धावतारस्य नग्नत्वेन तदीयसमयसिद्धत्वादिति भावः।

79. सुक्षेमंकरेति। सुक्षेमंकरं समीचीनशुभकरं हस्त इवोपकारकं वालं यस्य तं तथाभूतम्। अभितः सर्वतो रजसां रेणूनां भूम्ना बाहुल्येन युगस्य कण्ठोर्ध्वभागबद्धदारुविशेषस्यान्ते ऽग्रभागे ताम्रायमाणे सति बहुतरकर्षणेन पृष्ठभागोद्गतरक्तादिनारुणीभूते सति वृषस्य वृषभस्य क्लेशं दुःखं विलोक्य दृष्ट्वा सफलां सस्यशालिनीं महीमाधातुं कर्तुं कृतो रचितो यो युगारम्भः कृष्यारम्भः। युगशब्देन तत्साधनककृषिर्लक्ष्यते। तत्र स्थितं वर्तमानम्। लाङ्गलबद्धं वृषभं श्रान्तं दृष्ट्वा महिषं बध्नन्तीत्यर्थः। हन्तेत्याश्चर्ये। तेन कारणेन, हे कासरपते, त्वां कल्क्यात्मकं हरिं गणयामि। कल्किपक्षे – करवालः खड्गो

120 ८.२.७० सूत्रे वार्त्तिकम्।

हस्ते यस्य स तादृशः। अभितस्ताम्रायमाणे यवनाक्रान्ते रजोभून्ना रजोगुणप्राबल्येन युगान्ते कलियुगान्ते वृषक्लेशं धर्मग्लानिम्। महीं भूमिं सफलां सत्कर्मानुष्ठानजन्यवृष्ट्यादिफलयुक्ताम्। कृतयुगस्य धर्मप्रधानस्यारम्भे स्थितं विद्यमानम्।

80. कंदर्पमिति। कं दर्पं न भजसि? सर्वमपि दर्पं भजसीत्यर्थः। कृष्यां वा भारवहनादौ वा सर्वत्र तव गर्वो ऽस्तीत्यर्थः। अति अत्यन्तमिन्द्रियं वीर्याधिक्यं यस्याः सा तादृशी तनुर्यस्य सो ऽतीन्द्रियतनुः। किं च पञ्चाननो ऽप्यसि विस्तृताननो ऽप्यसि। आकण्ठं कण्ठपर्यन्तं विषं जलं पिबन्नतितरां सर्वदा सदामं दाम्ना रज्ज्वादिना सहितं गलं धत्से प्राप्नोषि। प्रीत्या विश्वासेन सानुचरो ऽनुचरेण महिषेण वृषभेण वा सहितः। अचलोपरि पर्वतोपरि मुदं संतोषं धत्से। स्वच्छन्दसंचारा दभिषेकोत्सवैर्जलावगाहनैर्मुदं धत्स इति पूर्वेणान्वयः। उग्रत्वात् क्रूरत्वादपि, हे कासरेश्वर, त्वमेव नो ऽस्माकं विरूपे विकृते अक्षिणी यस्य सः विरूपाक्षो ऽसि भवसि। ईश्वरपक्षे – कंदर्पं मन्मथं न भजसि। मन्मथविकाररहित इत्यर्थः। अतीन्द्रियेन्द्रियागोचरा तनुः स्वरूपं यस्य तादृशः। अवाङ्मनसगोचर इत्यर्थः। 'यतो वाचो निवर्तन्ते ऽप्राप्य मनसा सह' इति श्रुतेः[121]। किं चासि पञ्चाननः परमशिवस्य तत्पुरुषा दिपञ्चवक्त्र्यशोभित्यत्वात्। विषं कालकूटाख्यमाकण्ठं कण्ठपर्यन्तं सदा मङ्गलं चन्द्रकलागङ्गादिकम्। अचलोपरि श्रीकैलासोपरि सानुषु प्रस्थेषु चरति संचरतीति तादृशः। अभिषेकोत्सवै रुद्राभिषेकादिभिर्मुदं संतोषं धत्से। उग्रत्वादपि उग्रपदवाच्यत्वादपि।

81. प्रस्थेति। प्रस्थेन परिमाणविशेषेण युक्तं यत्प्रस्रवणं मूत्रं तेनान्वितो युक्तः। विपुलैर्महद्भिः पादैः चरणैरुपेतो ऽसि युक्तो ऽसि। प्रोत्तुङ्गमत्युन्नतमधिकं शरीरप्रमाणाधिकं शृङ्गं विषाणं बिभर्षि। उपलसदृशेन गण्डेन कपोलेनान्वितो युक्तः। महासत्वस्याधिकबलस्य प्रकर्षेणोत्कर्षेणोद्धतैः क्रूरैर्बहुधावनैर्बहुपलायनैर्दुष्प्रापो दुःखेनापि ग्रहीतुमशक्यो ऽसि। हे कासरेन्द्र त्वं सर्वतो ऽभितः कश्चन पर्वतः पर्वतस्वरूपी चरसि नूनम्। पर्वतपक्षे – प्रस्थैः शिलाविशेषैः प्रस्रवणेन प्रवाहेन चान्वितः पादैः पर्यन्तपर्वतैः। 'पादाः पर्यन्तपर्वताः' इत्यमरः। शृङ्गं शिखरम्। 'शृङ्गं प्रभुत्वे शिखरे' इति विश्वः। गण्डोपलेन पाषाणविशेषेण बहुधानेकप्रकारैः महासत्त्वप्रकर्षेण व्याघ्रादिबहुमृगो-त्कर्षेणोद्धतैर्भयंकरैर्वनैररण्यैः।

121 तैत्तिरीयोपनिषत्, आनन्दवल्ली, अनुवाकः – ४।

82. भीष्म इति। त्वं भीष्मो भयंकरः। दृशा चक्षुषानलो ऽसि अग्निवर्णो ऽसि। त्वं नृगो नॄणागच्छतीति नृगः कर्षकाद्यनुसारेण गच्छसीत्यर्थः। ह्रस्वानि रोमाणि यस्य स तादृशः। भ्रातस्त्वं भरतः भारात् पृथुर्महान्। तरसा वेगेन मरुत्तो वायोरधिको नूनम्। इत्थमेवंप्रकारेण पुण्या धर्मात्मानो ये पुराणप्रसिद्धा भूपतयो राजानः तन्मये तत्स्वरूपे त्वयि जाग्रति जागरूके सति हे सैरिभराज राजहतकान् राजाधमान् खलान् दुष्टान् नालोकयामो न पश्यामः। अत्र भीष्मादिपदैरवयवशक्त्या महिषप्रतिपादने ऽपि भीष्मपदवाच्यत्वेन भीष्मादेरवर्ण्यस्य वर्ण्यमहिषभेदप्रतीतेर्न श्लेषोत्थापितरूपकालंकारविरोधः। न चात्र ध्वनिरिति भ्रमितव्यमभिधायाः प्रकृतैकविषयत्वाभावादिति दिक्।

83. कर्णमिति। कर्णंश्रोत्रंनिर्णुदसि तद्गतपङ्कादिकं[122]क्षिपसीत्यर्थः। त्रिगर्तपतितो ऽनेकगर्तपतितस्तज्जीवनं कर्णप्रविष्टजलं धूनोष्यधः पातयसि। द्रोणं द्रोणप्रमाणं संततमविच्छिन्नं यथा तथोच्चरसि मूत्रयसि। अपि च गृहे नित्यं सुभद्रेण वृषभश्रेष्ठेनान्वितो युक्तः। 'उक्षा भद्रो बलीवर्दः' इत्यमरः। सैन्धवमश्वं हन्तुं मारयितुमीश्वरेण प्रपञ्चस्रष्ट्रा विहितं रचितं सामर्थ्यं शक्तिमत्त्वमासेदिवान्प्राप्त वान्। धीर भयहीन श्रीमहिषाधिराज भुवने त्वमेवार्जुन इति मन्ये। अर्जुनपक्षे – कर्णं प्रसिद्धं सूर्यात्मजं त्रिगर्ते त्रिगर्तदेशे पतितो वर्तमानस्तज्जीवनं कर्णप्राणान्, द्रोणं द्रोणाचार्यं संततं सर्वदोच्चरसि। द्रोणाचार्येण[123] योद्धव्यमिति प्रतिजानीत इत्यर्थः। गृहे सुभद्रया निजकलत्रेण। सैन्धवं जयद्रथं हन्तुम्। ईश्वरेण श्रीसाम्बसदाशिवेन विहितं सामर्थ्यमस्त्रशस्त्रादिकम्।

84. वेगादिति। वेगादर्जुनमेव [124]तृणमेव धावसि। 'यवसं तृणमर्जुनम्' इत्यमरः। दृढं कालयुक्तं धर्मराजयुक्तं पृष्ठं पृष्ठभागं वहन् त्वं भीमं भयंकरं भूर्यधिकं निनदं शब्दं मुञ्चसि करोषि। स्थिरां दृढामङ्गलक्ष्मीमवयवशोभां धत्से। वाहिन्यां नद्यां प्रसभं बलात्कारेण प्रविश्य प्रकृष्टतापेन सूर्यकिरणदाहेनान्वितः संक्षोभं कालुष्यं कुरुषे। तस्मात्कारणात् हे अङ्ग सैरिभपते अर्थिनामर्थवतां कर्षकाणां कामानवसि रक्षसि। कर्णपक्षे – अर्जुनमेव पार्थमेव, दृढं कालपृष्ठं तत्संज्ञकं शरासनम्। 'कालपृष्ठं शरासनम्' इत्यमरः। किं च भूरिनिनदं बहूद्घोषयन्तं भीमं भीमसेनं मुञ्चसि। तमनादृत्यार्जुननिकटमेव

122 क्षिपयसि – ते.
123 साकमित्यधिकम् – ना.
124 तृणमेवेति नोपलभ्यते – ते.

यासीत्यर्थः। अङ्गलक्ष्मीमङ्गदेशाधिपत्यम्, वाहिन्यां सेनायाम्, प्रतापेन तेजोविशेषेणान्वितः।

85. लोक इति। लोके त्वं सधर्मराड् धर्मराजेन यमेन सहितो ऽसि। महान्भीमो ऽसि[125] भीषणो ऽसि। अपगतो ऽर्थो धनधान्यादिर्यस्मात्सो ऽपार्थस्तादृशो न किं त्वर्थसहित इत्यर्थः। द्रोणीभूतमुखो द्रोणमिति धनधान्यमानपात्रविशेषस्तत्सदृशमुख इत्यर्थः। किं च हे कासरपते ऽसत्यस्यानृतस्य भूः भूमिः स्थानं नासि। उद्घोषेण शब्दाधिक्येन कर्णशल्यं श्रोत्रपीडामयसे प्राप्नोषि करोषीत्यर्थः। भूरिश्रवसां बहुश्रुतानां महतां निवृत्तानामिति यावत्। भीष्मतां भयंकरताम्। अयस इति शेषः। तस्मादिति शेषः। तस्मात्कारणात् त्वत्संदर्शनतो भारतकथा प्रत्यक्षमालोक्यते दृश्यते। भारतकथापक्षे – सधर्मराड् युधिष्ठिरसहितः, भीमो भीमसेनः। अस्यां कथायां वर्तत इति शेषः। न विद्यते पार्थो यस्यां सापार्था तादृशी न किं तु पार्थसहितैवेत्यर्थः। द्रोणीभूतं द्रोणात्मकं मुखं सेनामुखं यस्याः सा तादृशी द्रोणस्य सेनापतित्वात्। नासत्याभ्यामश्विभ्यां भवतीति तादृशो नकुलः सहदेवश्चास्यां कथायां वर्तेते इति शेषः। कर्णशल्यं कर्णसहितं शल्यम्। भूरिश्रवाः प्रसिद्धः भीष्मो गाङ्गेयः। भूरिश्रवोभीष्मशब्दादर्शआद्यज न्तात् तस्य भाव इत्यर्थे तल्प्रत्ययः। भूरिश्रवोभीष्मयुक्ततामयत इति फलितार्थः।

86. ज्यामिति। संगता प्राप्तार्तिः पीडा यस्मिन् कर्मणि तद्यथा भवति तथा। 'आर्तिः पीडाधनुष्कोट्योः' इत्युभयत्राप्यमरः। महतीं विस्तृतां ज्यां भूमिमासमन्तात्कर्षसि। शराणां जलानां मध्ये चरन् भक्षयन्। 'शरं नीरम्' इति विश्वः। धन्वाया मरुभूमेः कर्षणे कृषिकर्मणि विश्रुतः प्रसिद्धः। स्वकैः स्वीयैः कर्मभिरकल्याणभक्षणादिभिर्दोषं जाड्यादिरूपं प्रकटयन् विशदयन्। विग्रहे देहे प्राप्त उच्छ्रयो वृद्धिर्यस्य तादृशस्त्वं परानुत्तमान् गजादीनालोक्यापि दृष्ट्वा ऽपि भीतिं भयं नाश्नसि न प्राप्नोषि। वीराणां शूराणामग्रेसर हे कासरेश्वर नो ऽस्माकं द्रोणाचार्यस्त्वमेवासि। नन्वित्याश्चर्ये। द्रोणाचार्यपक्षे – संगतार्ति मिलितधनुष्कोटि यथा तथा ज्यां मौर्वीम्। 'मौर्वी ज्या शिञ्जिनी गुणः' इत्यमरः। आकर्षयति नमयति। शराणां बाणानां मध्ये चरन् संचरन् धन्वाकर्षणे धनुराकर्षणे विश्रुतः, स्वकैः कर्मभिः दोषं शत्रुहननादिरूपम्। परान् शत्रून् विग्रहे युद्धे प्राप्तोच्छ्रयः प्राप्तोत्कर्षः।

125 भीष्मोऽसि – ते.

87. उच्चैरावणेति। उच्च उन्नतो य ऐरावणो गजविशेषस्तस्य सोदर औन्नत्यादिति भावः। अन्यत्र – उच्चैरुन्नतो यो रावणो दशग्रीवस्तस्य सोदरो भ्राता विभीषणः। महान् स्थूलः पार्श्वः पार्श्वभागो यस्य स तथोक्तः। अन्यत्र–महापार्श्व इति राक्षसनाम। अतिकायोऽतिस्थूलदेहः। अन्यत्र – अतिकायो रावणात्मजः। स्थूलो महानाकार आकृतिर्यस्य तादृश्चासौ महद् बृहदुदरं यस्य स तथोक्तः। अन्यत्र – महोदरो नाम राक्षसः। नितरां सुतरां त्वं मेघस्य नाद इव नादः शब्दो यस्य स मेघनादः। मेघ इवोच्चैः शब्दं करोषीत्यर्थः। धूम्रे धूम्रवर्णे अक्षिणी यस्य स तथोक्तः। चरितैः चरित्रैरभक्ष्यभक्षणकर्दमलेपादिभिर्दूषणो ऽसि दूष्यो ऽसि। त्वं कुम्भकर्णः कुम्भौ कलशविव कर्णौ यस्य स तथोक्तः। अन्यत्र–मेघनाद इन्द्रजित्, धूम्राक्षः प्रसिद्धः। एवं दूषणकुम्भकर्णावपि बोध्यौ। अतो हेतोर्मद्ग्रामो मदावासग्रामस्त्वदुपाश्रयेण त्वत्सहायेन लङ्कायां या रमा लक्ष्मीस्तदाधारतां तदाश्रयतां भजते प्राप्नोति।

88. सीतायामिति। सीतायां लाङ्गलपद्धतौ दृढं प्रसितः दृढं बद्धः कृतः रचितो यो युगस्य गलबद्धदारुविशेषस्य व्यापारः कृष्यादिरूपस्तस्मिन्घोरः क्रूरः क्रमः शक्तिर्यस्य स तादृशः। 'रथसीराङ्गयोर्युगः' इति 'क्रमः शक्तौ परिपाट्याम्' इति च विश्वः। हे दर्पोज्जृम्भित दर्पेण बलेनोज्जृम्भित गर्विष्ठ आहवे युद्धे हयाधिपस्याश्वश्रेष्ठस्य हत्या हननेन या श्रान्तिः श्रमस्तां वहसि बिभर्षि। अनरण्ये ऽरण्यरहिते विषये देशे। 'विषयः स्याद्रिन्द्रियार्थे देशे जनपदे ऽपि च' इति विश्वः। प्रख्यातः प्रसिद्धः। आरण्यकमहिषाणां कृष्याद्युपयोगाभावेन न प्रसिद्धिरस्तीति भावः। जवाद्वेगादुत्कृष्टः समीचीनकृषिकर्मणा कृष्टः[126] धन्वा मरुभूमिर्येन स तादृशः। मायावी मायावान् स प्रसिद्धः रावणः पुनरपि मद्गृहे मद्भवने प्राप्तो ऽसि। किं वितर्के। रावणपक्षे – सीतायां वैदेह्यां दृढं प्रसित अत्यन्तमासक्तः कृतयुगे युगान्तरे व्यापारेण घोरः क्रमः परिपाटी यस्य स तादृशः। कृतयुगे हि रावणः [127]स्वशिरःकर्तनादिघोरतपश्चर्यां कृत्वा श्रीपरमेश्वरात् त्रैलोक्याधिपत्यं संपादयामासेति श्रीमद्रामायणादिप्रसिद्धिरनुसंधेया। दर्पेण बलेन उज्जृम्भितो यो हैहयाधिपः कार्तवीर्यार्जुनस्तेन हत्या हननेन श्रान्तिं श्रमं वहसि। कार्तवीर्यार्जुनो युद्धे रावणं निर्जित्य कारागृहे निरुद्धवानिति पौराणी कथा।

126 समीचीनकृषिकर्माकृष्टः – ते.
127 स्वेति न दृश्यते – ते.

अनरण्यस्येक्ष्वाकुवंशस्य राज्ञो विषये गोचरे प्रख्यातः प्रसिद्धस्तं निर्जितवानित्यर्थः। उत्कृष्टधन्वा आकृष्टधन्वा।

89. ताम्रेति। ताम्रश्मश्रुमुखो ऽसि ताम्रवर्णोपेतमुखलोमविशिष्टः। मानवैर्मनुष्यैः क्रोडस्य भुजान्तरस्याहर्तिं हननम्। 'न ना क्रोडं भुजान्तरम्' इत्यमरः। नैव सहसे। काममत्यन्तं रोषेण कोपेन नैसर्गिकं स्वाभाविकं बाडववैरमश्ववैरमाकलयसे। तरसा वेगेनादने भक्षणे संप्रीतिं संतोषं वितनुषे तनोषि। पानोत्सुकं त्वामद्येदानीं चन्दाखानं चन्दाखाननामानं म्लेच्छप्रभुमवैमि जानामि। यद्यस्मात्कारणात् तव खुरान् शफानि। 'शफः क्लीबे खुरः पुमान्' इत्यमरः। आलोकय इत्याश्चर्यम्। यवनपक्षे – ताम्रस्तुरुष्कः श्मश्रुमुखः श्मश्रुमान् मानवैः क्रोडस्य वराहस्याहर्तिं हननम्। 'क्रोडः पोत्री किरिः किटिः' इत्यमरः। बाडबानां ब्राह्मणानां वैरं द्वेषम्। तरसस्य मांसस्यादने भक्षणे। 'पिशितं तरसं मांसम्' इत्यमरः। मद्यपानोत्सुकं मदिरापानोत्सुकम्। खुरानिति म्लेच्छशास्त्रस्य संज्ञा। तदपि महिषस्य श्लेषबलेन प्रतीयत इत्याश्चर्यं बोध्यम्।

90. द्वंद्व इति। द्वंद्वे मिथुने प्रीतियुतः। 'स्त्रीपुंसौ मिथुनं द्वंद्वं' इत्यमरः। क्वचित्प्रदेशविशेषे निर्व्यापारस्थल इत्यर्थः। क्वचिदन्यत्र कृतः बहुव्रीहिप्रकर्षो बहवो ऽनेके व्रीहयः शालयस्तेषां प्रकर्षो येन स तथाविधः। पश्चादनन्तरं तत्पुरुषेण कर्षकेणान्वितः। क्वचित्कुत्रचित् कृतः समीचीन आहारो भक्षणं येन स तादृशः। क्वचिच्च प्रदेशे शब्देषु ध्वनिषु द्विगुणस्य द्विगुणशब्दस्यादरं करोषि। श्रीकासरक्ष्मापते प्रायः प्रायेण शाब्दिकचक्रवर्तिनं वैयाकरणश्रेष्ठं त्वां मन्यामह एव। वैयाकरणपक्षे – द्वंद्व इतरेतरद्वंद्वे प्रीतियुतः समस्यमान-पदार्थातिरिक्तपदार्थप्रतीत्यभावात्। क्वचित्कृतः सिद्धान्तितो बहुव्रीहेः 'अनेकमन्यपदार्थे' इति सूत्रविहितसमासस्य प्रकर्षस्तत्पुरुषापेक्षया प्राबल्यमिन्द्रपीताधिकरणन्यायसिद्धं येन स तादृशः। पश्चादनन्तरं तत्पुरुषेण तत्पुरुषसमासेनान्वितस्तत्पुरुषे पूर्वपदे संबन्धिलक्षणाङ्गीकारात्। बहुव्रीह्यपेक्षया तद्दौर्बल्याभिप्रायेण पश्चाच्छब्दप्रयोगः। न च बहुव्रीहावप्यन्यपदार्थप्रतीत्यर्थं लक्षणावश्यकीति वाच्यम्। बहुव्रीहेरन्यपदार्थेशक्तेरेवारुणाधिकरणादौ व्युत्पादितत्वात्। क्वचित्कृतः समाहारः समाहारद्वंद्वो येन स तथोक्तः। द्विगुना द्विगुसमासेनादरं प्रीतिं कलयसीति प्राञ्चः। अन्ये तु द्विर्द्वित्वं गुणः 'अदेङ् गुणः' इति शास्त्रविहितसंज्ञावानकारादिः तयोरादरं कलयसीत्यर्थः। एतेन पूर्वव्याख्यायां द्विगुणेति णत्वानुपपत्तिः

'रषभ्यां नो णः समानपदे' इति शास्त्रबोधितनिमित्ताभावादिति निरस्तमित्याहुः। परे तु द्विगुर्द्विगुसमासः णत्वं च तयोरादरमित्याहुः। वयं तु ब्रूमः – द्वयोर्गुणः द्विगुणः। द्वयोरिति 'षष्ठी स्थानेयोगा' इति शास्त्रपरिभाषितस्थानषष्ठी। तथा च द्वयोः स्थाने गुणविधिं हि वैयाकरणो ब्रूते 'एकः पूर्वपरयोः' इत्यधिकृत्य विहितत्वादिति संक्षेपः।

91. त्वमिति। सहजां सहोत्पन्नां शक्तिं दधासि। हे ऽङ्ग महिष पदेषु चरणेष्वजहत् अत्यजल्लक्षणमावर्तादिरूपं यस्य स तादृश्ः। शब्दविषये ध्वनिविषये स्वातन्त्र्यमन्यानपेक्षत्वं प्रथयन् विस्तारयन्। जनसमुदाये ऽपि निर्भयं यथा तथोच्चैः शब्दं करोषीत्यर्थः। उर्व्यां भूमावासक्तिमवस्थानं भजन् भूयः पुनः पुनर्दर्शनं दृष्टिपथमेषि प्राप्नोषि। लिङ्गमेव लिङ्गकमुपस्थं तेन यद्रणं युद्धं निधुवनमित्यर्थः। अत्र प्रामाण्येन प्रमाणत्वेन संभावितः पूजितः। महिषीभिरिति शेषः। कक्ष्यायां बन्धिन्यां रज्जौ प्रसितो बद्धः। ततो हेतोः हे महिष त्वां तार्किकं तर्कशास्त्रज्ञं तर्कये मन्ये। तार्किकपक्षे – सहजां शक्तिं कार्यानुकूलामिति यावत्। दधाति निरूपयति। पदेषु 'काकेभ्यो दधि रक्ष्यताम्' इत्यादौ काकादिपदेष्वजहती शक्यार्थमत्यजन्ती लक्षणा यस्य स तादृशः। शब्दविषये शब्दप्रमाणविषये स्वातन्त्र्यं स्वातन्त्र्येण प्रामाण्यं प्रथयन्विस्तारयन्। वैशेषिका हि शब्दस्यानुमानविधयैव प्रामाण्यं वदन्ति। तन्निराकृत्य शब्दस्वातन्त्र्यवादं प्रवर्तयतीत्यर्थः। उर्व्यामासक्तिं भूसंपादनेच्छाम्। यद्वा तर्कशास्त्रस्येश्वरसाधनैकप्रयोजनत्वेन तस्य च क्षितिः कर्तृजन्येत्यनुमानमूलकत्वेन तत्रासक्तेरावश्यकत्वादिति भावः। भूयो दर्शनं भूयःस्वधिकरणेषु दर्शनं साध्यहेत्वोः सहचारदर्शनं तस्य व्याप्तिग्राहकत्वादिति भावः। लिङ्गं धूमादि करणं चक्षुरादि प्रामाण्यं प्रामाण्यास्वतस्त्वादि तैः संभावितः पूजितः। कक्ष्यायां वादकथायां प्रसितो बद्धः समयबन्धादिनेति भावः।

92. सूत्राणीति। यद्यस्मात्कारणात् सूत्राणि स्वबन्धनसाधनानि प्रसभं हठात्कारेण महानधिको ऽप्रतिभयः प्रतिभयरहितो य उत्साहः सन्तोषस्तेन खण्डयन् [128]शकलयन् धाट्या वेगेनावाङ्मुख एवाधोमुख एव परां श्रेष्ठामधिकस्य रणस्य युद्धस्य प्रौढिमुत्कर्षं दर्शयन् प्रकाशयन् बाडवैरश्वैः संघर्षे युद्धे सति सिद्धो निश्चितो यो ऽन्तो नाशः तेन विजयितां जयिष्णुत्वं गाहसे। युद्धसमये ऽश्वं हत्वा जयं प्राप्नोष्येवेत्यर्थः। तेन कारणेन हे महिषक्षितीश्वर त्वं महामीमांसकाग्रेसरो मीमांसकश्रेष्ठः।

128 शलकयन् – ते.

भवसीति शेषः। मीमांसकपक्षे – सूत्राणि 'औदुम्बरी सर्वा वेष्टयितव्या' इत्यादीनि कल्पसूत्राणि, महाप्रतिभया महास्फूर्त्योत्साहेन च खण्डयन् प्रत्यक्षश्रुतिविरोधेन न प्रमाणमिति स्थापयन्, धाट्या शब्दोच्चारणवेगेन वाङ्मुख एव, अधिकरणप्रौढिमधिकरणसंचारमाहात्म्यं न तु पुस्तकाद्यपेक्षयेति भावः। बाडवैर्ब्राह्मणैः संघर्षे वादे सति सिद्धान्ततः सिद्धान्तमार्गेण विजयितां प्राप्नोषि।

93. मालिन्यास्पदमिति। उच्चकैरुन्नतं तव वपुः मालिन्यस्य कर्दमादिप्रयुक्तमालिन्यस्यास्पदं स्थानम्। ग्रीवा पुनः स्रग्धरा स्रजं रज्जुशङ्खकाकिणीकांस्यशृङ्खलादिकं[129] धरतीति तादृशी। नित्यं जाङ्गलभूमिषु कठिनभूमिषु शार्दूलस्य व्याघ्रस्य विक्रीडितं चेष्टितं त्वमयसे प्राप्नोषि। कठिनभूकर्षणे ऽपि शार्दूलसमविक्रम इत्यर्थः। इन्द्रस्य शक्रस्य वज्रायुधं तदपेक्षयाधिकं काठिन्यं दृढत्वं, वपुषो देहस्य बिभर्षि। वृत्तात्मा वर्तुलात्मा प्रबन्धपदवीं प्रबन्धसाम्यं भजसि प्राप्नोषि। प्रबन्धपक्षे मालिनीशार्दूलविक्रीडितेन्द्रवज्रादीनि वृत्तानि बोध्यानि। प्रबन्धस्य नानावृत्तशोभितत्वादिति भावः। तल्लक्षणानि तु विस्तरभयान्न लिख्यते।

94. शृङ्गारमिति। रुचिरं सुन्दरं शृङ्गयोर्विषाणयोररमग्रं दधासि धत्से। अनुदिनं प्रतिदिनं वीरेण वीरनाम्ना गोपालेन संचार्यसे। कृष्यां कर्षणे भूर्यत्यन्तं दयया कृपया ऽन्वितो युक्तः प्रतिभयं भयंकरमद्भुतमाश्चर्यपदं हास्यं वहसि दधासि। विकृतं विकटमुद्घोषं ध्वनिं करोषि। बहुधा बहुप्रकारेण रौद्रं क्रूरं मुहुः पुनः पुनर्वीक्षसे पश्यसि। सायं सायंकाले दामनि रज्जौ शान्तिभाङ् निर्व्यापारः। तस्मात् कारणात् त्वयि नवरसाः शृङ्गारादयः। दृश्यन्त इति शेषः। शृङ्गारादिशब्दैः शृङ्गारादयो ऽलंकारशास्त्रे प्रसिद्धा नवरसा बोध्याः। तल्लक्षणानि च पूर्वमेवोक्तानि।

95. त्वमिति। सद्यस्तनं तात्कालिकं यत्पीडनं ताडनं तेन शृङ्गयोर्विषाणयोरराभ्यामग्राभ्यां लीलयानायासेन क्षतानि व्रणानि रचयन्कुर्वन्। आसमन्तात्पीतैः पानकर्मीकृतैः सरसः कासारस्याधरामृतैरन्तर्वर्तिजलैः सुखैरानन्दैश्च संमीलिते मुकुलिते अक्षिणी यस्य स तथोक्तः। उपरितनजलस्य रविकिरणतप्ततया तत्परित्यज्याधोभागगतशीतलजलपानेन संतोषं प्राप्नोषीत्यर्थः। सरसः सरस्या अमलतया स्वच्छतयातनोर्महतस्तापात्सूर्यकिरणदाहात्प्रसभं

129 रज्ज्वादिकं – ते.

बलात्कारेणाकृष्टो नीतः। अर्थात्सरोदेशं प्रतीति ज्ञेयम्। हे लुलायाधीश त्वं पद्मिन्या सरस्या सह रसिकाग्रणीरिव रसिकश्रेष्ठ इव संक्रीडसे रमसे। रसिकपक्षे – स्तनयोः कुचयोः पीडनेन मर्दनेन शृङ्गारस्य शृङ्गाररसस्य या लीला विलासः तया क्षतानि नखदन्तक्षतदंशनादिजनितव्रणानि सद्यस्तस्मिन्नेव क्षण आसमन्तात्पीतैरधरस्य दशनच्छदस्यामृतैः रसैः सरसः शृङ्गाररसास्वादविशिष्टः सुखैर्विगलितवेद्यान्तरस्वस्वरूपानन्दानुभवैः। 'रसो वै सः, रसं ह्येवायं लब्ध्वानन्दी भवति' इति श्रुतेरिति भावः। सरोमलतया रोमराजिसहितया। अतनोरनङ्गस्य तापाज्ज्वरात्। अर्थात्तरुण्येति संबध्यते। प्रसभमाकृष्टः वशीकृतः पद्मिन्या उत्तमनायिकया। अत्र वात्स्यायनतन्त्रविदो नखदानविधानप्रकरणे[130] –

'ग्रीवाकरोरुजघनस्तनपृष्ठकक्षा-
हृत्पार्श्वगण्डविषये नखराः खराः स्युः।
माने नवीनसुरते विरहे प्रवासे
द्रव्यक्षये ऽथ विरतौ च मदे प्रयोज्याः।।'

तथा – 'अव्यक्तरेखं कृतरोमहर्षं समर्पितं गण्डकुचाधरेषु।
यत्कर्म संपूर्णमुखं प्रभूतं विज्ञास्तदेतत्क्षुरितं वदन्ति[131]।।'
तथा दन्तक्षतप्रकरणे ऽपि –

'नखप्रदेशेषु रदाः प्रयोज्या ओष्ठाननान्तर्नयनानि हित्वा।
हिक्कारसीत्कारविशेष उक्तो दन्तार्पणे कामकलाविदग्धैः।।'
एवं चुम्बनप्रकरणे ऽपि –

'अधराक्षिकपोलमस्तकं वदनान्तः स्तनयुग्मकंधरे।
विहितानि पदानि पण्डितैः परिरम्भादनु चुम्बनस्य हि।।[132]'
इति।

तथा काव्यप्रकाशे ऽपि चुम्बनपरिरम्भणादीनां
रसाविर्भावनिमित्तत्वमुक्तम्।
'संभोगो विप्रलम्भश्च द्विधा शृङ्गार इष्यते।
संयुक्तयोस्तु संभोगो विप्रलम्भो वियुक्तयोः।।

130 अनङ्गरङ्गे
131 यत्कर्मसंपूर्णनखप्रसूतंविज्ञास्तदेतच्छुरितंवदन्ति – ना
132 वियोगिनीवृत्तम्।

तत्राद्यः परस्परावलोकनपरिचुम्बनाद्यनन्तभेदत्वादपरिच्छेद्य इत्येक एव गण्यते' इति। रसात्मकानन्दानुभवो युक्तः। तत्रैव 'ब्रह्मास्वादमिवानुभावयन्नलौकिकचमत्कारकारी शृङ्गारादिको रसः' इति।
अतनोस्तापादित्यनेन त्रयस्त्रिंशद्व्यभिचारिभावाः सूचिताः। 'मतिर्व्याधिस्तथोन्मादः' इत्यादिना परिगणितमध्यपातित्वात्तापस्य। त्रयस्त्रिंशत्स्वरूपं त्वस्मत्कृत श्लेषार्थचन्द्रिकायां द्रष्टव्यम्। पद्मिन्येत्यत्रापि पद्मिन्यादिलक्षणं वात्स्यायनतन्त्रे –

'पद्मिनी चित्रिणी चाथ शङ्खिनी हस्तिनी तथा।
क्रमाच्चतुर्धा नारीणां लक्षणानि ब्रुवे ऽधुना।
पूर्वपूर्वतरा[133]स्तासु श्रेष्ठास्तल्लक्ष्म चक्ष्महे।।
प्रान्तारक्तकुरङ्गशावनयना पूर्णेन्दुतुल्यानना
पीनोत्तुङ्गकुचा शिरीषमृदुला स्वल्पाशना दक्षिणा।
फुल्लाम्भोजसुगन्धिकामसलिला लज्जावती मानिनी
श्यामा कापि सुवर्णचम्पकनिभा देवादिपूजा[134]रता।।
उन्निद्राम्बुजकोशतुल्यमदनच्छत्रा मरालस्वना
तन्वी हंसवधूगतिः सुललितं वेषं सदा बिभ्रती।
मध्यं चापि वलित्रयाङ्कितमसौ शुक्लाम्बराकाङ्क्षिणी
सुग्रीवा शुभनासिकेति गदिता नार्युत्तमा पद्मिनी।।' इति।

96. आशामिति। यः निपानसलिल आहावजल आशामिच्छां पुष्यसि रक्षसि। 'आहावस्तु निपानं स्यात्' इत्यमरः। नाभिमानेन नाभिप्रमाणेनान्वितो युक्तो नाभिदघ्न इत्यर्थः। नित्यं सर्वदा प्रीत्या संतोषेणापारः निरवधिर्यो लौकिकस्य कृष्यादेर्विधिव्यापारस्तस्मिन् कैरपि कैश्चिदेवाङ्गीकृतः स्वीकृतः। न हि सर्वे ऽपि महिषेणैव कर्षन्ति वृषभेणापि कर्षणसंभवादिति भावः। परेषामन्येषां क्षेत्रे केदारे स्वच्छन्दं स्वेच्छं यथा तथा चरसि भक्षयसि। खलस्य धान्यराशीकरणस्थलस्याग्रेसरः प्रमुखः। तं तादृशं त्वां, हे महासैरिभ, विटाग्रगण्यं जाने मन्ये। विटपक्षे – योनावुपस्थे

133 तरैः – ते.
134 पूज्या – ते.

यत्पानं पेयं सलिलं तत्राशाम्। पद्मिन्याः सुगन्धिमदनसलिलत्वेन भगचुम्बनमिच्छतीत्यर्थः। तदुक्तं वात्स्यायनतन्त्रे – 'कक्षायुगं मन्मथमन्दिरं च नाभेश्च मूलं स्मरलोलचित्ताः। चुम्बन्ति लाटा निजदेशसाम्यान्नास्त्यन्यतश्चुम्बनरीतिरेषा।।' इति। अभिमानेन गर्वेणाभिजात्यादिजनितेनेति भावः। नान्वितो न युक्तः। विटस्या भिजात्यादेरपालनीयत्वादिति भावः। पारलौकिकं परलोकसाधनं ज्योतिष्टोमादिकं कर्म तन्न भवतीत्यपारलौकिकं परस्त्रीसंभोगादि तस्य विधौ व्यापारे कैरपि कैश्चिदेवाङ्गीकृतः। परक्षेत्रे परकलत्रे च रतिः[135]। खलानां दुष्टानाम्। परस्त्रीसंभोगो वात्स्यायनतन्त्रे ऽभिहितः –

'नारी चोत्तमयौवनाभिलषितं कान्तं न चेदाप्नुया-
दुन्मादं मरणं च विन्दति तदा कंदर्पसंमोहिता।
संचिन्त्येति समागतां परवधूं रत्यर्थिनीं स्वेच्छया
गच्छेत्क्वापि न सर्वदा सुमतिमानित्याह वात्स्यायनः।।'

इति। तथा च परस्त्रीसंभोगस्य वात्स्यायनसंमतत्वे ऽपि सर्वश्रुतिस्मृतिनिषिद्धत्वेन तत्र प्रवर्तमानानां खलत्वं स्पष्टमिति भावः।

97. त्वं वालीति। त्वं वालः पुच्छमस्यास्तीति वाली रुमां भूविशेषम्, 'रुमा स्याल्लवणाकरः' इत्यमरः। उपगतः प्राप्तः सन् रमसे क्रीडसे। प्रौढानि स्थूलान्यङ्गान्यवयवा यस्य तादृशेन देहेन शरीरेणान्वितो युक्तः। तारामैत्रं तारया कनीनिकया मैत्रं समानरूपत्वम्। 'तारका ऽक्ष्णः कनीनिका' इत्यमरः। वितनुषे करोषि। इह स्फुटं स्पष्टं नादैः शब्दैर्दुन्दुभिं वाद्यविशेषं जयन् तिरस्कुर्वन्। इत्थमेवं सत्यपि वालिसाम्ये ऽपि, हे कासरेश्वर, चर्यया स्वव्यापारेण नृणां पुरुषाणामाश्चर्यदो ऽद्भुतरसोत्पादकः। तदेवाह – मातङ्गान्तिक एव चण्डालसमीप एव निर्भयं यथा तथा संचारशीलो ऽसि सचारिष्णुस्वभावो ऽसि। किं वितर्के। अहो इत्याश्चर्ये। मतङ्गाश्रमे वालिप्रवेशाभावेनेत्यर्थः। वालिपक्षे – रुमां सुग्रीवभार्यां, प्रौढाङ्गदेहान्वितः प्रौढा प्रकृष्टा अङ्गदे स्वपुत्रे वेहेच्छा(**?**) तयान्वितः। तारामैत्रं तारायां स्वभार्यायां मैत्रं स्नेहम्। दुन्दुभिमसुरविशेषम्।

135 चरति – ना.

98. जिष्णुरिति। हि यस्मात्कारणाज्जिष्णुर्जयशील इन्द्रश्च। कृशानां दरिद्राणामनुभावं संपदमयसे करोषि कृशानोर्वह्नेर्भावं वह्नित्वं च। किं चापि च श्रीकासरक्ष्मापते, नित्यं सर्वदा सन् वर्तमानो ऽन्तको यमो यस्मिन् स तथोक्तः। पृष्ठभागोपारूढकृतान्त इत्यर्थः। अन्यत्र सन् समीचीनो धर्माधर्मव्यवस्थापक इति यावत्। तादृशश्चासावन्तक इत्यर्थः। ग्राम्ये प्राकृते ते वपुषि देहे निरृतिर्दोषो ऽस्ति। अन्यत्र निरृती[136] राक्षसः। पाशी पाशयुक्तो रज्ज्वादिना बद्ध इति यावत्। अन्यत्र वरुणः। सर्वत्र कृष्यादिषु कर्मस्वाशुगत्वं शीघ्रगामित्वमयसे प्राप्नोषि। अन्यत्र वायुत्वम्। प्रायो वै प्रायेण खलु श्रवणयोः श्रोत्रयोरुच्छ्रयमौन्नत्यं प्रकाशयन् कुबेरैश्वर्यमिति च। किं च त्वमुग्रा क्रूराकृतिराकारो यस्य स तथोक्त उग्राकृतिरीश्वराकृतिरिति च। तथा च सर्वदिक्पालकात्मकस्त्वमिति भावः।

99. क्षेत्राणीति। पञ्चलाङ्गलविधौ पञ्चलाङ्गलव्यापारे क्षेत्राणि केदारादीन्यश्नसि प्राप्नोषि। अन्यत्र पञ्चलाङ्गलशास्त्रे क्षेत्राणि केदारादीन्यश्नसि प्राप्नोषि। पञ्चलाङ्गलविधिपूर्वकभूदानमिति च। लब्धं प्राप्तमार्द्रं सिक्तं यत्कृष्णं नीलवर्णमजिनं यस्य स तथोक्तः। आर्द्रकृष्णाजिनप्रतिग्रहो ऽपि प्रतिपाद्यते। सहस्रशो गवां भूमीनां दानेषु खण्डनेषु कृष्यादिषु प्रतिदिनं प्रत्यहमात्मना अन्तःकरणेन पात्रीभवसि पात्रं भवसि। सहस्रगोप्रतिग्रह इति च। समुद्घोषेण सम्यगुद्घोषेण[137] ब्रह्माण्डकटाहमण्डभित्तिमश्नसि प्राप्नोषि। अण्डभित्तिव्यापिशब्दं करोषीत्यर्थः। ब्रह्माण्डकटाहप्रतिग्रह इति च। स्वर्णानां हिरण्यानां तुला तोलनमपि लब्धा प्राप्ता। महिषेन्द्रेण कृषिं कुर्वन्तः संपत्तिमुत्तमां प्राप्य सुवर्णतोलनं कुर्वन्तीत्यर्थः। हे कासरपते इत्थं महादानप्रतिग्रहं कुर्वतस्ते तव दीर्घायुः शास्त्रोक्तं दीर्घायुष्यमिच्छामि वाञ्छामि। महादानप्रतिग्रहं कुर्वतस्तवापमृत्युप्रसक्त्या तत्परिहारस्य प्रार्थनीयत्वादिति भावः।

100. सुग्रीव इति। सुष्टु ग्रीवा कण्ठो यस्य तथोक्तः। अन्यत्र सुग्रीवः प्रसिद्धः। वपुषा देहेन महान् स्थूलो गजो ऽसि स्थौल्ये गजसदृश इत्यर्थः। अन्यत्र गजो गवाक्ष इति प्रसिद्धो वानरः। नीलो नीलवर्णो ऽग्नितनयश्च। प्रमाथी प्रहर्ता वानरश्च। धूम्रो धूम्रवर्णो वानरश्च। हे महानुभाव सर्वश्रेष्ठ महिष त्वं दुर्मुखः विकृतमुखो दुर्मुखनामा

136 निर्ऋतिः – ते.
137 सम्यदुद्घोषेण – ते.

वानरश्च। केसरा लोमानि तैर्युक्तस्तन्नामा वानरश्च। इत्थमेवंप्रकारेण महाकपिशताकारस्यानेककपिरूपस्य ते साहाय्यत उपकारतः सीतां लाङ्गलपद्धर्तिं प्राप्य। अन्यत्र जानकीं लब्ध्वेत्यर्थः। दुःखजलधिं दुःखसागरं विलङ्घ्य तीर्त्वा स्वयं रामो रमणशीलः सन् नन्दामि संतुष्यामि।

101. एवं महिषं सर्वदेवात्मकत्वेन सर्वोत्कृष्टवस्तुत्वेन राज्ञो ऽधिकतरत्वेन[138]स्तुत्वातन्मुखेनसर्वाद्वैतंप्रबन्धपरमतात्पर्यविषयीभूतं निरूप्य स्वोपजीव्यराजवंशस्याशिषं पुनः प्रार्थयते – श्रीमदिति। श्रीमान् लक्ष्मीसंपन्नः भोसलवंश एव दुग्धजलधिः क्षीराब्धिस्तस्य संपूर्णचन्द्रोपमो राकाचन्द्रसदृशो यः प्रतापः प्रतापसिंहाख्यो मूर्तो मूर्तिमान् स्वयं क्षितिपतिर्भूपतिः सन् क्षितिं भूमिमक्षति निरुपद्रवं यथा तथा शास्ति रक्षति। सः प्रतापसिंहाख्यो राजा दीर्घायुः चिरजीव्यात्मजयुतः पुत्रपौत्रादिसंतानवान् धर्मी धर्मप्रवणचित्तः प्रजासु स्वविषयवासिनीषु रागवान्, लोभवान् निस्तुलैर्निरुपमैर्निजसभास्तारैः स्वीयसभ्यश्रेष्ठैः क्रमात् पुत्रपौत्रादिक्रमादागतैः प्राप्तैः सहोल्लाघो ऽस्त्वरोगदृढगात्रो भवतु। अत्र भोसलवंशस्य दुग्धजलधित्वोक्त्या रूपकालंकारः स्पष्टः। तेन च राजवंशस्य सर्वजनप्रेमास्पदत्वं निर्मलत्वं कीर्तिमत्त्वं च व्यज्यते। राज्ञः पूर्णचन्द्रसाम्योक्त्या सकलजनानन्दकरत्वं व्यज्यते। एवं पूर्णचन्द्रसंपर्काद्यथा क्षीराब्धिर्वर्धत एवं राजानमासाद्य भोसलीयान्ववायस्य संतानवृद्धिर्व्यज्यते। उपक्रमप्रतिपादितमर्थमुपसंहरन्प्रबन्धावान्तरतात्पर्यविषयीभूतं राजतदमात्यादीनां सन्मार्गप्रवर्तनरूपं [139]सर्वेषां जनानां गवां स्वप्रतिपादितमहिषवंशस्य च मङ्गलरूपमर्थमुपसंहरति राजेति। शेषं सुगमम् ।।

क्षेत्राणामुत्तमानामपि यदुपमया का ऽपि लोके प्रशस्ति-
श्चित्तद्रव्येण मुक्तिक्रयमभिलषतां या ऽद्भुता पण्यवीथी।
साक्षाद्विश्वेश्वरस्य त्रिभुवनमहिता या पुरी राजधानी
रम्या काशी सकाशीभवतु हितकरी भुक्तये मुक्तये नः ।।1।।

138 सर्वोत्कृष्टवस्तुत्वेन राज्ञोऽधिकतरत्वेनेति न दृश्यते – ते

139 सर्वेषां जनानां गवां स्वप्रतिपादितमहिषवंशस्य च मङ्गलरूपमिति नोपलभ्यते – ते.

प्रीयतां कुट्टिकृतिना निर्मितेयं सुधीमुदे।
भूयाद्वाञ्छेश्वरग्रन्थव्याख्या श्लेषार्थचन्द्रिका ।।2।।

इति श्रीकुट्टिसूरिकृतमहिषशतकव्याख्या संपूर्णा।।

INDEX TO VERSES

(Arranged in the order of *Nāgarī* alphabets. The first number indicates the verse number and the second, the page number. When the *Nāgarī* and Roman transcriptions are in different pages, the page number of the *Nāgarī* version is given.)

अक्षैर्मेति ननु (*akṣairmeti nanu*) … 4 19
अर्कं भक्षयितुं (*arkaṃ bhakṣayituṃ*) … 64 45
आर्यश्रीधरमम्बुदीक्षितं (*āryaśrīdharamambudīkṣitaṃ*) … 6 20
आशां पुष्यसि यः (*āśāṃ puṣyati yaḥ*)… 96 62
उच्चैरावणसोदरोऽसि (*uccairāvaṇasodaro'si*) … 87 57
उत्साहेन पुरा (*utsāhena purā*) … 71 49
उद्दामद्विरदद्वय (*uddāmadviradadvaya*) … 45 36
उन्मत्ता द्रविणाधिकार (*unmattā draviṇādhikāra*) … 19 26
कंचित्पश्वधमं (*kaṃcitpaśvadhamaṃ*) … 10 22
कं दर्पं न भजसि (*kaṃ darpaṃ na bhajasi*) … 80 54
कर्णं निर्णुदिस (*karṇaṃ nirṇudasi*) … 83 55
कर्षं कर्षमहर्निशं (*karṣaṃ karṣamaharniśaṃ*) … 22 27
कृष्णस्ते सहजः (*kṛṣṇaste sahajaḥ*) … 76 52
केदारे महिषीमनोजगृहं (*kedāre mahiṣīmanojagṛhaṃ*) … 39 33
कौ पीनाङ्गतया (*kau pīnāṅgatayā*) … 73 50
क्षान्तं क्षान्तमथापि (*kṣāntaṃ kṣāntamathāpi*) … 47 36
क्षुद्बाधां यदि यासि (*kṣudbādhāṃ yadi yāsi*) … 21 26
क्षेत्रज्ञस्य हिरण्यवर्धन (*kṣetrajñasya hiraṇyavardhana*) … 72 49
क्षेत्राण्यिञ्चसि (*kṣetrāṇyncasi*) … 99 63
ख्यातानाहरतु (*khyātānāharatu*) … 36 32
गम्भीरस्तिमितः (*gambhīrastimitaḥ*) … 63 45
गोत्रोद्भेदनकौशलं (*gotrodbhedanakauśalaṃ*) … 60 43

गोष्ठं ते नृपमन्दिरं (*goṣṭhaṃ te nṛpamandiraṃ*) … 33 31
ग्राह्योऽसि श्रवणादिभिः (*grāhyo'si śravaṇādibhiḥ*) … 59 42
चौर्यं नाम कृषीवलस्य (*cauryaṃ nāma kṛṣivalasya*) … 14 23–24
जिष्णुस्त्वं हि (*jiṣṇustvaṃ hi*) … 98 63
ज्यामाकर्षसि संगतार्ति (*jyāmākarṣasi saṃgatārti*) … 86 57
तानाश्रित्य चिरं खलान् (*tānāśritya ciraṃ khalān*) … 23 27
ताम्रश्मश्रुमुखोऽसि (*tāmraśmaśrumukho'si*) … 89 58
तिष्ठन्तु क्षितिपा (*tiṣṭhantu kṣitipā*) … 50 38
तृण्यादानजलावगाहन (*tṛṇyādānajalāvagāhana*) … 20 26
त्वं क्रीतोऽसि मया (*tvaṃ krīto'si mayā*)… 24 28
त्वं बद्धोऽसि हि मद्गुणैः (*tvaṃ baddo'si hi madguṇaiḥ*) … 25 28
त्वं वाचंयमतां दधासि (*tvaṃ vācaṃyamatāṃ dadhāsi*) … 56 41
त्वं वाली रमसे (*tvaṃ vālī ramase*) … 97 62
त्वं शक्तिं सहजां (*tvaṃ śaktiṃ sahajāṃ*) … 91 59
त्वं श्रुत्युद्धरणं (*tvaṃ śrutyuddharaṇaṃ*) … 69 48
त्वं सद्यस्तनपीडनेन (*tvaṃ sadyastanapīḍanena*) … 95 61
त्वामादौ गणयन्ति (*tvāmādau gaṇayanti*) … 37 33
दुर्भिक्षं कृषितो (*durbikṣaṃ kṛṣito*) … 5 20
दुर्वाणीकसमुद्यद् (*durvāṇīkasamudyad*) … 38 33
देहं स्वं परिदग्ध्य (*dehaṃ svaṃ paridagdhya*) … 18 25
द्वंद्वे प्रीतियुतः (*dvandve prītiyutaḥ*) … 90 59
धत्से शृङ्गयुगं (*dhatse śṛṅgayugaṃ*) … 57 41
धात्र्युत्सङ्गतले (*dhātryutsaṅgatale*) … 53 39
धान्यं वाऽथ धनानि (*dhānyaṃ vā'tha dhanāni*) … 13 23
न ब्रूषे परुषं (*na brūṣe paruṣam*) … 28 29
न स्वप्नेऽपि दरिद्रता (*na svapne'pi daridratā*) … 30 30
नानाजिप्रभुचन्द्रभानु (*nānājiprabhucandrabhānu*) … 3 19
नित्यं दुर्धरदुर्मुखादि (*nitam durdharadurmukhādi*) … 43 35
नित्यं धीरमनांसि (*nityaṃ dhīramanāṃsi*) … 61 43
नित्यं हन्त विवर्धमान (*nityaṃ hanta vivardhamāna*)… 31 30
निर्धूनोषि लसत्तनुं (*nirdhūnoṣi lasattanuṃ*) … 74 51
निर्धूय श्रुतिमप्प्रमाणं (*nirdhūya śrutimappramāṇaṃ*) … 78 53
पर्णानां पयसां च (*parṇānāṃ payasāṃ ca*) … 40 34
पीत्वा वारि सरोवरेषु (*pītvā vāri sarovareṣu*) … 44 35
पैशुन्यं न हि कर्णगामि (*paiśunyaṃ na hi karṇagāmi*) … 29 30
प्रस्थप्रस्रवणान्वितः (*prasthaprasravaṇānvitaḥ*) … 81 54
प्रीतिं यासि मृदङ्गतः (*prītiṃ yāsi mṛdaṅgataḥ*) … 68 47
ब्रूषे त्वं विविधस्वरान् (*brūṣe tvaṃ vividhasvarān*) … 54 39
भीष्मस्त्वं हि दृशा (*bhiṣmastvaṃ hi dṛśā*) … 82 55
भूपो भूप इतीव (*bhūpo bhūpa itīva*) … 51 38
मञ्जूषाञ्चितरौद्रधन्व (*mañjūṣāñcitaraudradhanva*) … 75 51
मत्ता वित्तमदैः (*mattā vittamadaiḥ*) … 17 25

मालिन्यास्पदं (*mālinyāspadaṃ*) … 93 60
माहात्म्यं तव वर्णये (*māhātmyaṃ tava varṇaye*) … 49 37
मुग्धान्धिग्धनिकान् (*mugdhān dhigdhanikān*) … 16 24
मुद्राधारणदग्ध (*mudrādhāraṇadagdha*) … 55 40
मूढाः केचिदुपाश्रयन्ति (*mūḍhāḥ kecidupāśrayanti*) … 35 32
मूढाभासधनोष्म (*mūḍhābhāsadhanoṣma*) … 32 31
मूर्ता किं तमसां छटा (*mūrtā kiṃ tamasāṃ chaṭā*) … 46 36
मूर्तिं हन्त बिभर्षि (*mūrtiṃ hanta bibharṣi*) … 62 44
यं यो रक्षति (*yaṃ yo rakṣati*) … 9 21
ये जाता विमलेऽत्र (*ye jātā vimale'tra*) … 2 18
ये ये भुव्यपमृत्युना (*ye ye bhuvyapamṛtunā*) … 48 37
राजा धर्मपरः (*rājā dharmaparaḥ*) … 102 65
राजा मुग्धमतिः (*rājā mugdhamatiḥ*) … 12 23
लोकख्यातसहस्रदोषं (*lokakhyātasahasradoṣaṃ*) … 65 46
लोके त्वं हि सधर्मराडसि (*loke tvaṃ hi sadharmarāḍasi*) … 85 56
वज्रादप्यतिनिष्ठुरं (*vajrādapyatiniṣṭhuraṃ*) … 70 48
वर्णैर्नैकविधैर्युतोऽसि (*varṇairnaikavidhairyuto'si*) … 67 47
विद्याजीवनकुण्ठनेन (*vidyājīvanakuṇṭhanena*)… 15 24
विद्यापण्यविशेष (*vidyāpaṇyaviśeṣa*) … 7 21
विद्वन्मा कुरु साहसं (*vidvanmā kuru sāhasaṃ*) … 8 21
वेगादर्जुनमेव धावसि (*vegādarjunameva dhāvasi*) … 84 56
शम्बाकारुपिषाण (*śambākārupiṣāṇa*) … 27 29
शीतं वारि सरोग एव (*śītaṃ vāri saroga eva*) … 41 34
शृङ्गाग्रेण मुहुर्मुहुः (*śṛṅgāgreṇa muhurmuhuḥ*) … 58 42
शृङ्गारं रुचिरं (*śṛṅgāraṃ ruciraṃ*) … 94 61
श्रीमद्भोसलवंशदुग्ध (*śrīmadbhosalavaṃśadugdha*) … 101 64
श्रुत्वेमं महिषप्रबन्धं (*śrutvēmaṃ mahiṣaprabandhaṃ*) … 11 22
संप्राप्तः सहजं बलं (*saṃprāptaḥ sahajaṃ balaṃ*) … 77 52
सानन्दं महिषीशतं (*sānandaṃ mahiṣīśataṃ*) … 52 38
सीतायां प्रसितः (*sītāyāṃ prasitaḥ*) … 88 58
सुक्षेमंकर वालहस्तं (*sukṣemaṃkara vālahastaṃ*) … 79 53
सुग्रीवोऽसि महान् (*sugrīvo'si mahān*) … 100 64
सूत्राणि प्रसभं महत् (*sūtrāṇi prasabhaṃ mahat*) … 92 60
स्तोतुं त्वां महिषाधिराज (*stotum tvāṃ mahiṣādhirāja*) … 26 28
स्वस्त्यस्तु प्रथमं (*svastyastu prathamaṃ*) … 1 18
स्वीयोत्सङ्गसमाधि (*svīyitsaṅgasamādhi*)… 42 34
हा जानुद्वयसे (*hā jānudvayase*) … 34 31

INDEX

Abhramuvallabha 68
Acyuta Rāya 4
advaita 5
agents of the state/king 4, 7, 15, 17
Agni 63
agrahāra 6
agricultural operations 53; practices 16; production 9
agriculture 10, 12, 15, 20, 24, 27, 36, 58, 61
Ahalyā 43
Airāvata 68
Aja 6
Akṣa 46
Alaṅkāraratnākara 5
Amarakośa 68, 69
Ambu Dīkṣita/Ambu Makhin 12, 16, 20, 21
amildar 9
Anala 15, 55
Ānandarāya 3, 13, 19
Ānandatīrtha 40
Anaraṇya 58
Aṅga 56
Aṅgada 62
Añjanā 46
Antaka 63
anyāpadeśa 2
Appayya Dīkṣita 5
*apsarā*s 43
araśar vāḻttŭs 2
Arjuna 17, 55, 56; *see also* Pārtha
Āśīrvādaśataka 6
*aṣṭadikpāla*s 63
Āśuga 63
aśvamedha 15
Atikāya 57
avadhūta 41

Baba Sahib 7
bahuvrīhi samāsa 59
Balarāma 52
Bali 50
*bandha*s 47
Bhakti saints 11
Bharata (king) 15, 55
Bharata/Bharatācārya (rhetorician) 17, 48
Bhārgava Rāma 51
Bhīma 56
Bhīṣma 15, 55, 56
Bhosale(s) line/dynasty 3, 19, 64
Bhūriśravā 56
Bidnur 4
Brahmā 6, 48
Brahman/*brahman* 17, 43
Brāhmaṇas 10, 20, 24, 58, 60
Bṛhadāraṇyaka Upaniṣad 43
British/English 2, 7, 9, 10; expedition 9; officials 8
Bruno (Giodarno) 4
Buddha 17, 53
bureaucracy 1, 9, 10

*cakra*s 44
*Cākyār*s 2
Carnatic: music 5; Nawab of 9; Wars 9
Caturdaṇḍi Prakāśikā 5

Cevvappa Nāyaka 4
Chanda Khan 17, 58
Chanda Sahib 7
Chatrapati 5
chitnavis 9
Christian Gospel 10
Coḻa country 12, 23, 24; Empire 4

Danish 10
Davis, Jr., Donald R. 1
Deccan 7
Devikottai 7
dharma 18, 22, 53
Dharmarāja 56
Dharmaśāstras 2, 16, 17
Dhāṭiśataka 6
Dhūmra 64
Dhūmrākṣa 58
dīkṣita 42
Dost 'Ali Khan 7
Droṇa/Droṇācārya 17, 55, 56, 57
Dundubhi 62
Durdhara 35
Durmukha 35, 64
Dūṣaṇa 58
dvaita 5
dvandva/samāhāra samāsa 59
dvigu samāsa 59

early medieval period 2
Ekādaśi 40
Ekoji 5

famine 9, 10, 11, 17, 20
Farrukh Siyar 3
Filliozat, Pierre-Sylvain 12, 13
Fort St. George 8
French 7, 9, 10

Gaja 64
Galileo 4
gāthā-nārāśaṃsis 2
Gautama 43
German 10
Gingee 4
Govinda Dīkṣita 4, 5

hajib 9
Hanūmat/Hanūmān 17, 45
Hara 6
Hari 48
Harikkāran/*harikaras* 9
Harivamśasāra carita mahākāvya 4
Harris, Charles 7
Hastinapura 52
havaldār 15, 24
Hiraṇyakaśipu 50
Hoysaḷa Karnāṭaka Brāhmaṇas 4
Hrasvaroma 15, 55
Hyder Ali 10

Ikṣvāku 58
Indian upper class 2
Indo-Persian 2
Indra 6, 17, 43, 63, 68, 69
Indravajrā 61
investment 20
Irwin, W.R. 7
Īśāna 63
itihāsa 16

Jackson, William 11
Jayadratha 55
Jiṣṇu 63

Kaikkāran 24
Kailāsa 54
Kali Yuga 11
Kalki 53
Kāmadeva 44
kāmaśāstra 16, 17
Kāmasūtra 62
kamavisdar 9
Kaṃsa 52
kanakkapillais 9
Kannada 3
Karaikal 7
karma 53
Karṇa 17, 55, 56
Karnataka 4
kar-obar 9
Kārtavīrya Arjuna/Kārtavīryārjuna 17, 46, 51, 58
Kashmir 2
Kaveri valley 9
kāvya 1
Kerala 2, 5
Kesari 64
kramapāṭha 40
Kṛśānu 63
Kṛṣṇa 52
Kṛtayuga 53, 58
kṣātra 20
Kṣemendra 2
kudivaram 9
Kumbhakarṇa 58
Kumbhakonam 6
Kūrmāvatāra 49

Lakṣmī 50
Laṅkā 57
Laṅkālakṣmī 17

Madhva/Madhvācārya 5, 40
Mādhvas 16
madhyasthi 9
Madras 8
Madurai 4, 6
Māgha 44
*maghanam*s 9
Mahābhārata 4, 15, 17, 56
*mahādāna*s 17
mahākāvya 5
*mahal*s 9
Mahāpārśva 57
Mahendra 69
Mahiṣaśatakam 3, 6, 10, 12, 14, 16, 65
Mahiṣāsura 35, 68
Mahodara 57
majumdār 15, 24
Mālinī 61
manana 43
Maṇiyam 24
Manmatha 44
Manu 10, 20
Maratha(s) 5, 7, 16
Maratha court 5
Marathi scribes 9
Marutta 15, 55
Mātaṅga 63
Matsyāvatāra 48
Meghanāda 57
Meljuṣṭa 24
Melputtūr Nārāyaṇa Bhaṭṭa 5
meykkīrtis 2
mīmāṃsā 5, 16
Mīmāṃsaka 60
Mīnākṣi Temple 6
Mir Muhammad Ja'far (Zatalli) 2, 3
Mother Agriculture 3, 19
mṛdaṅga 48
Muslim 17

Nagapattinam 9
Nālāyiradivyaprabandham 42
Nānāji 3
Narasiṃha 50
Nārāyaṇa 50
Narmadā 46
narmasaciva 2
Nāsatyabhū 56
Nawab of Arcot 7, 8
Nawab of Carnatic 9
*nāyaka*s 4
*nāyaka*s of Thanjavur 5
nāyakattanam 4
nididhyāsa 43
Nīla 64
Nīlakaṇṭha Dīkṣita 2
Nirṛti 63
niyama 41
Nṛga 15, 55
Nṛsiṃhatāpanīya Upaniṣad 50

Oriental Despotism 2

padapāṭha 40
padminī 62
pallikkarar 9
Pārtha 56; *see also* Arjuna
Pāśin 63
pathakanavis 9
peshkar 9
Phālguna 44
Pietist missionary 10
pilgrimage(s) 16, 32
plough/ploughshare 3, 20, 29, 32, 37, 43, 52, 57, 58, 62, 63
ploughing 27, 44, 57, 61, 63
Pondicherry 7
prabandha 61
Prabhucandrabhānu 3, 13, 19
Prahlāda 50
Pralamba 52
Pramāthin 64
praśastis 2
Pratāpasiṃha/Pratāpa 7, 8, 9, 64
Pṛthu 15, 55
Pune 7
purāṇa(s) 16, 17
purāṇic 15, 17; kings 55

Quran 59

Raghunātha Nāyaka 5
Raghunāthabhūpavijaya 5
Raghunāthavilāsa 5
Rāma 13, 17, 64
Rāmānuja (*ācārya*) 5, 42
Rāmāyaṇa 5, 62
*rasa*s 17, 61
Ratī 44
Rāvaṇa 17, 46, 57, 58
rayasams 9
Reṇukā 51
Rumā 62

Śahaji 3, 6, 19
Śaharājendrapura 6

Śalya 56
Saṃkarṣaṇa 52
Śaṅkara 5
Śaṅkarācāryas of Śṛṅgeri 4
Śarabhoji 6, 7
Śārdūlavikrīḍita 60
Śiva 6, 17, 18, 54, 55
Śivaji 5
śleṣa 1, 13, 16
Śleṣasārvabhauma 6, 17
śravaṇa 43
Śrīdhara 12, 20
Śrīraṅgaṃ/Srirangam 11, 12, 21
Śrīśa 6
Śrīvaiṣṇava 41
Ṣaḍdarśana 5
Sadāśiva 54
Safdar 'Ali Khan 7
sālagrāma 17, 44
saṃhitā 40
Saṅgītasudhānidhi 5
Saṅkrandana 69
Sanskrit 1, 2, 47; rhetoricians 47; scholarship 6
Satara 7
Saunders, Thomas 8
Sayyaji/Sahuji/Kāṭṭu Rājā 7
Schwartz, Christian Frederic 10
shroff 9
Sītā 13, 58, 64
South India 4
Sragdharā 60
Sthalasamprati 24
Stratton, George 7
suba 9, 16
Subhadrā 55
subhedar 9, 15, 16, 24, 25, 26, 27, 67
Subrahmanyam, Sanjay 7
Sugrīva 64
Sujana Bai 7
Sundarakāṇḍa 4
svabhāvokti 16
*svara*s 40

Tanjour Report 7
Tārā 63
tarka 16
tārkika 60
Tātācārya 5
tatpuruṣa samāsa 59
Thanjavur/Tañjāvūr 3, 4, 5, 7, 9, 10
Tiruchirappalli 7, 10
Tiruviśanallūr 6
Torin, Benjamin 7
trade 20
Tranquebar 10
Trivikrama 50
Tukkoji 6, 7
Tyāgarāja 11

Ugra 63
Urdu 2

Vācaspati 14
Vaiśravaṇa 63
Vaiśya 27
vajra 69
Vālin 17, 62
Vāmana 50
Vāñcheśvara Dīkṣita/Vāñchanātha/Kuṭṭikavi 3, 6, 11, 12, 13, 16, 17, 20, 21, 65
Varāhamūrti 49
Varuṇa 63
Vasanta 44
*vata*s 9
Vāyu 63
Vedāṅgas 3
Vedas 3, 48, 53
Vedic literature 2; sacrifice 15; scholars 16, 40; studies 40
Venkaji/Vyamkoji 5
Veṅkaṭeśvara Dīkṣita/Veṅkaṭa Makhin 5
*vidūṣaka*s 2
Vidyasagara, Jibananda 13, 64, 67
Vijayanagara Empire 4
Vijayīndra Tīrtha 5
Vīra (the cattle-keeper) 57, 61
Vīrarāghava Nāyaka 5
viśiṣṭādvaita 5
Viṣṇu 6, 17, 40
*vṛtta*s 61
vyākaraṇa 16
Vyamkoji/Ekoji 7

Yadus 52
yajamāna 16
Yajña Nārāyaṇa Dīkṣita 5
Yama 41, 63
yama 41
yoga 32, 43
yogin(s) 41, 43

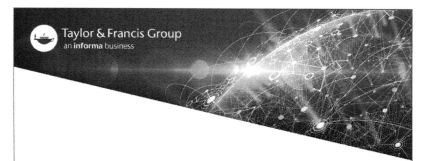